Vive haciendo videoclips

ULI MORENO MONTANA

VIVE HACIENDO VIDEOCLIPS

MONETIZA TU SUEÑO SIN UNA GRAN
PRODUCTORA DETRÁS

Copyright © 2021 Uli Moreno Montana

No se permite la reproducción total o parcial de este libro, ni su incorporación a un sistema informático, ni su transmisión en cualquier forma o por cualquier medio, sea éste electrónico, mecánico, por fotocopia, por grabación u otros métodos, sin el permiso previo y por escrito del autor. La infracción de los derechos mencionados puede ser constitutiva de delito contra la propiedad intelectual (Art. 270 y siguientes del Código Penal).

Todos los derechos reservados.

Autor:
© Uli Moreno Montana
Diseño de la cubierta e ilustración:
© Germán Benito Hernández (@gervisuals).
Fotografía del autor:
© Laura Falces Mayor.

ISBN: 9798543702147

Página web del autor: www.ulimorenomontana.com

*A un niño tus consejos regalaste lleno de ilusión,
aunque todavía invisibles serían
para una mente sin razón.*

*El adolescente pronto comprendió tu pasión,
pero su inexperiencia haría que
incomprendido se sintiera
tu corazón.*

*En la edad adulta su sentido floreció y las
semillas que en un niño plantaste
hicieron su labor.*

Para Tony. Por regalarme tu sabiduría, por impulsarme a crecer. Gracias, mi mentor. Gracias, mi referente. Gracias, yayo.

ÍNDICE

Prólogo 13

SECCIÓN 1
Haz realidad tu sueño

1. Lo que de verdad quieres 19
2. Creador *freelance* vs grandes productoras.....................23
3. Ya pero ¿cómo empiezo? Y… ¿cuánto cobro? 31
4. El salto para vivir de ello.................................39
5. Cuando llegue a la industria me lloverán propuestas, ¿verdad?..44
6. Trabaja rápido, trabaja bien..49
7. Tipos de videoclips..57
8. Todo tú...65

SECCIÓN 2
La preproducción

1. Ya tengo al cliente. Ahora, ¿qué? 79
2. Te ha tocado conseguir todo. ¡Bien! 89
3. Ya queda menos para rodar 101
4. ¡Oye! ¿Qué equipo llevo al rodaje? 115

SECCIÓN 3
El rodaje

1. Uf, ¡mañana a rodar! 123
2. Coordinar al personal de rodaje 126
3. El tiempo es tu recurso de oro. ¡Contrólalo! 132
4. Como expongas mal… ¡al carajo todo! 138
5. ¡A dirigir se ha dicho! 144

SECCIÓN 4
La postproducción

1. ¿Cuál es el mejor programa? 157
2. El proyecto 161
3. Por favor, ¡sé organizado! 167
4. Sincronizar los *playbacks* 169
5. ¿Cómo monto todo este jaleo? 172
6. ¡Aprende de música y ritmo! 177
7. Sin un color increíble tu video irá a la basura 184
8. Tú te adaptas a la industria y no al revés 193
9. Nunca dejes de aprender 195

SECCIÓN 5
Sobrevive a la Guerra

Introducción 199

Lidiando 1: Hazme buen precio, te daré mucho trabajo 201
Lidiando 2: ¡Hey! Soy el tiburón de la sabiduría 203
Lidiando 3: Tú a callar y no molestes 206
Lidiando 4: ¿Colaboramos a cambio de nada? 208
Lidiando 5: Pídele que colabore, así ahorro 211
Lidiando 6: ¡No quiere dar su brazo a torcer! 213
Lidiando 7: Voy a pedirte cosas raras porque soy el mejor 216

Consejo 1: Si te equivocas, responsabilízate 218
Consejo 2: Cosas que tú no tienes que pagar 220
Consejo 3: ¿Las páginas web sirven de algo? 222
Consejo 4: Se van a poner cariñosos 224
Consejo 5: Con clientes buenos ¡cede! 226
Consejo 6: Cuida de tu relación 228
Consejo 7: Llévate bien con tu competencia 230
Consejo 8: Oxigena tu mente 232
Consejo 9: Contesta a mensajes y comentarios 234

Motivación 1: El miedo te hace crecer 236
Motivación 2: Muestra tu luz y energía 238
Motivación 3: No trabajes nunca 240

Agradecimientos 251
Acerca del autor 253

PRÓLOGO

Todo lo que sucede en este universo es un efecto de algo que sucedió antes. Ley de causa y efecto. Todo es un resultado. Este libro es el resultado de la persistencia, de no seguir normas ni estándares, de no escuchar los «noes» y vivir solo de «síes», de dejarse llevar por lo que el corazón dice. En definitiva, de **vivir con propósito**.

Desde que conocí a Álvaro (Uli Moreno Montana) entendí el significado que tienen las palabras *inquietud* y *pasión*. Después de haber dado muchas vueltas en el sistema educativo, de sentirse perdido, de ir a vivir a EEUU, de no encajar en el sistema tradicional, de hacer prácticas como contable en una gran empresa, de intentar emprender en un proyecto de música electrónica que no funcionó…, descubrió su camino. ¿Qué es un emprendedor más que alguien que soporta la incertidumbre y sigue adelante? Este cúmulo de experiencias formularon una idea clara en su cabeza: vivir sin jefe y poner su sueño, su vida y su talento al servicio de los demás a través de la producción audiovisual.

¿Y cómo se aprende a ser emprendedor? Siéndolo. Le he visto trabajar gratis. He participado en muchos videos como actriz para ayudarle a generar contenido que pudiese enseñar a clientes potenciales, creyéndose un profesional incluso antes de serlo. De vacaciones, de viaje por Europa, en la casa del pueblo, entrenando, graduándome, etc. En definitiva, en cualquier momento que pudiese ser capturado. He leído muchos mensajes que se han perdido por el camino, sin respuesta. Le he escuchado hacer muchas llamadas, muchas de ellas con un «me gusta lo que me cuentas, ya hablaremos», y nunca más hablaron. Pero ante todo esto, le he visto ser fiel a dos cosas: **a la pasión y a él mismo**. Es verdad que durante un tiempo no hubo resultados, pero estuvo dispuesto a pagar el precio de la incertidumbre. Su persistencia para poder vivir contando historias y emocionando a las personas le llevó a crear a Uli Moreno Montana.

Algo que he aprendido de él es que no puedes esperar a que el don llegue, aparezca o te ilumine, tienes que ir a buscarlo. Tienes que atreverte a navegar por carreteras desconocidas sin saber cuál es la mejor ruta. Eso sí, teniendo siempre clara una sola cosa: cuál es el destino que quieres para ti.

¿El proyecto que siempre recordaré? El rodaje de *Mis Ganas*, de la cantante María Artés.

—Laura, voy a trabajar con María Artés y me gustaría que actúes en el videoclip —me dijo muy emocionado— ¿quieres participar?

Un año antes habíamos estado juntos en un concierto de María. ¡No me lo podía creer! Era el primer proyecto a nivel nacional en el que me proponía participar. A mí también me invadió el miedo, pero sin pensarlo dije que sí. Quería aventurarme, a pesar de que ese no fuera mi trabajo.

«Laura, ¿y tu trabajo?» La pasión es contagiosa. Fui una estudiante de ingeniería brillante. Viví muchos años sin salir del canon que todos, incluso yo misma, habían impuesto sobre mí. «Trabajarás en producción o en investigación», decían. «Oposita», «primero estudia y luego busca un empleo», «de vacaciones no pienses en trabajo»... Vivir con un emprendedor te hace darte cuenta de que el tiempo que tenemos es limitado, que hay vida más allá de trabajar haciendo lo que alguien te diga. Eso sí, siempre y cuando estés dispuesto a aceptar el *pack* completo: la incertidumbre, la ilusión, las ideas, las decepciones, días de 20 horas de trabajo, otros de 4, la incomprensión, la euforia, la energía, la soledad, la compañía, etc. Todo.

Un día, tomé la decisión más valiente y sincera de mi vida. Me despedí de la vida que se suponía que tenía que vivir. Despedí a mis jefes, a mi trabajo y empecé a vivir la vida que anhelaba vivir. No me gusta dar consejos porque no sé en qué situación te encuentras. Simplemente, algo que a mí me ha servido es: para un momento, levanta la vista y piensa si lo que estás haciendo te hace feliz. Si la respuesta es no, o incluso si dudas, estás a tiempo de cambiar. El camino que te queda por recorrer no está dibujado. Conecta con tu deseo. Confía en la vida. Cree en ti.

LAURA FALCES MAYOR

SECCIÓN 1
HAZ REALIDAD TU SUEÑO

*Deja de obrar como si te quedaran
quinientos años de vida.*

ROBIN SHARMA

CAPÍTULO 1

LO QUE DE VERDAD QUIERES

Hace algunos años realicé trabajos puntuales para una productora de televisión de Zaragoza, operando cámara en partidos de fútbol y congresos. Recuerdo uno de los viajes en furgoneta a uno de los pueblos donde teníamos que grabar. Yo iba de copiloto y mi compañero, quien ya llevaba varios años trabajando para la empresa, conducía. Era la primera vez que coincidíamos.

—Lo haces esporádico, ¿verdad? No estás en plantilla —dijo mi compañero.
—Sí. Cuando me llaman vengo y grabo —respondí.
—Al final es siempre igual, ni está bien pagado, ni puedes hacer lo que te dé la gana —comentó.
—Bueno, nunca pensé que grabaría fútbol porque no me gusta, pero la verdad es que me parece divertido —dije sonriendo—. Mientras tanto, también hago videoclips con gente de aquí y algún spot publicitario.
—Al final te cansarás. Para hacer cosas bien pagadas y con gente importante necesitarás dinero y una productora

grande. Si esa productora es tuya, habrás necesitado todavía más dinero. Nuestro jefe tiene mucha pasta, mucha —dijo con tono cansado.

Un 11 de diciembre de unos pocos años más tarde, estaba en casa vistiéndome para ir a la oficina cuando recibí una llamada.

—¡Uli! —exclamó una voz muy enérgica— soy Lucas, de Andy y Lucas. ¿Cómo estás, quillo[1]?

En ese momento no daba crédito. Uno de los cantantes más conocidos de España, América Latina y EEUU, y de quien amaba su música desde niño, había llamado a mi teléfono.

—Me ha pasado tu teléfono Maki[2] después de echar un vistazo a tu web. ¡Joder, haces putas películas! —dijo apasionado—. Sé que es un poco apresurado, pero el día 17 tenemos que grabar un videoclip para un tema que hemos rescatado de hace 19 años y queremos que lo hagas tú.

Como os podéis imaginar, era como si alguien estuviera haciéndome un masaje cerebral. Sentía un gustito tremendo recorriéndome la nuca.

—¡Claro! Será un placer darle vida a un tema vuestro. Y encima si es de la época de *Son de amores*, ¡más! —reí.

---

1 Quillo: expresión andaluza para referirse a tu paisano. Es como decirle hermano.
2 Maki: cantante, compositor y productor musical español, a quien he realizado, hasta la fecha de escribir este libro, inumerables videoclips.

—Cojonudo, quillo. Luego te paso el tema y te cuento la idea que llevo. Vente a Madrid el jueves que viene. No dispondremos de mucho tiempo, unas tres o cuatro horas porque al día siguiente tenemos concierto. ¿Bien?

¡Wow! ¿Tres o cuatro horas? A esas alturas de mi vida ya llevaba muchos videoclips profesionales dirigidos y, aunque estaba acostumbrado a trabajar en plazos cortos, nunca había ido con tanta prisa. Quería tener tiempo para poder lucirme lo máximo posible con unos artistas de ese nivel. Pero bueno, dije que sí a todo, obviamente, sin pensármelo dos veces.

—Así me gusta, Uli —dijo Lucas—. ¿Cuántos vendréis?
—Yo solo —dije.
—¿Tú solo? —me preguntó dubitativo.
—El 95% de lo que has visto en mi web está hecho únicamente por mí —respondí.
—Mmmm —murmuró—. Tráete unos buenos bafles para sentir la música en el pecho y todo listo.

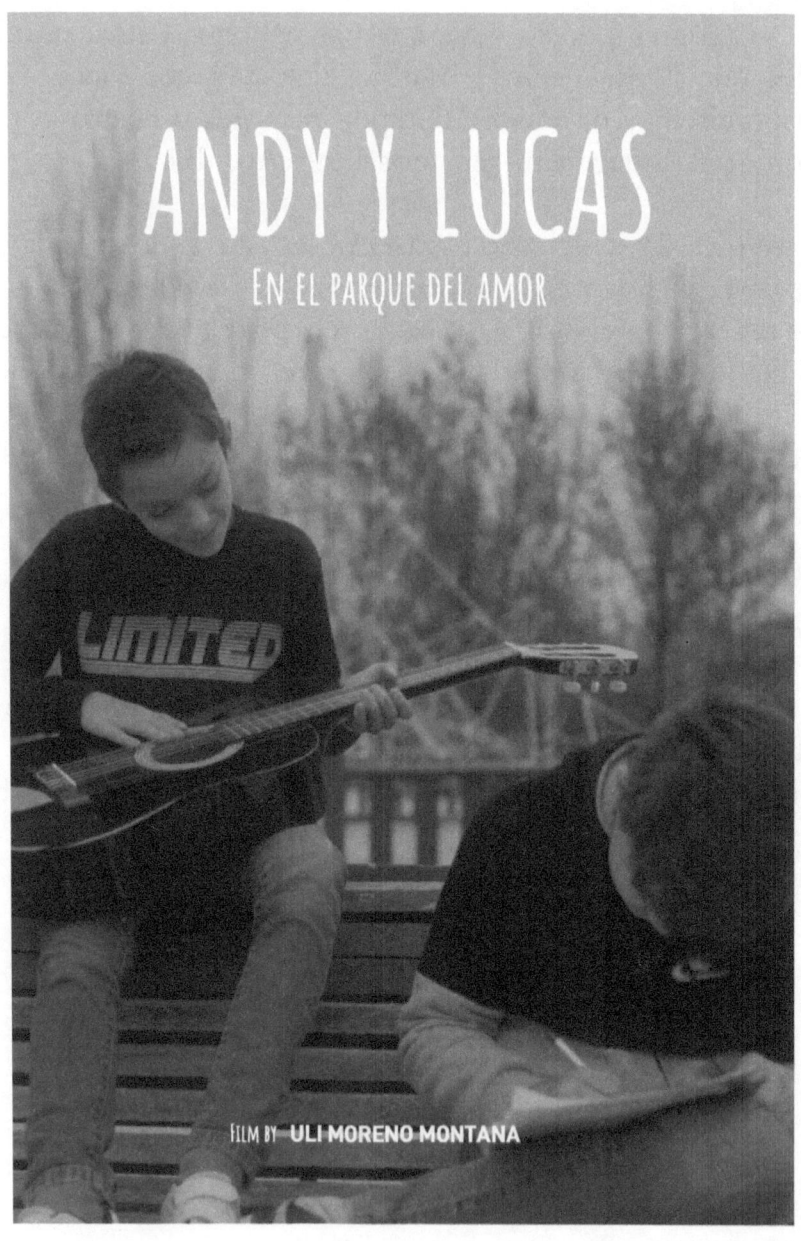

CAPÍTULO 2

CREADOR *FREELANCE*
vs
GRANDES PRODUCTORAS

Resulta evidente que una gran empresa frente a una pequeña empresa tiene muchas ventajas a la hora de, sobre todo, conseguir cosas. Tener la infraestructura tanto física como económica necesaria para llevar a cabo ciertas labores empresariales siempre es un escenario favorable. Pero todo esto no quiere decir que tener una gran productora respaldándote sea todo un camino de florecillas que acarician tu piel al pasar, simplemente por ser guapo y buen creador de contenido.

En primer lugar, para mantener esa infraestructura física hace falta una cosa muy, muy importante. DINERO. Dinero que si no facturas no puedes utilizar para mantener el ecosistema que está al servicio del cliente. Por lo tanto, una gran productora no puede decantarse por tirar los precios de sus proyectos, pues no podrían cubrir el mínimo de gastos de infraestructura y personal necesario para ejecutarlos.

Necesitan un mínimo de proyectos rentables al año para, por lo menos, mantenerse.

En segundo lugar, para ser director en una gran productora, no te quepa duda de que vas a tener que pasar mucho tiempo antes recogiendo cables, abriendo y cerrando claquetas, comprobando que el material está correctamente guardado y ordenado, operando cámara en videos de abuelitas jugando al bingo, etc. Y, por supuesto, llegará el día en que tengas que demostrar a la empresa que eres una persona 100 % válida para dirigir proyectos y como no lo demuestres ¡olvídate!, por lo menos durante una temporada en esa empresa.

En tercer lugar, ponte en el mejor de los casos: la productora decide que a partir de ahora serás director. Si no consigues ser socio de la empresa estarás contratado por ella, y estar al servicio de una productora supone DEPENDER DE ELLA. Si ella depende del cliente, tú dependes de la productora y del cliente. ¡Yeah! Dependencia por partida doble.

TÚ LO ERES TODO

Ahora bien, ser tu propia productora/marca tiene sus cosas buenas, sobre todo cuando te empiezas a consolidar (algo por lo que merece la pena luchar, créeme).

1º Puedes funcionar como una productora grande, pero sin invertir las ingentes cantidades de dinero que supone tener personal fijo de la empresa, una nave con platós y maquinaria de rodaje, decenas de cámaras y objetivos, disponer de alguna cámara de cine como extra con sus carísimos componentes y un largo etcétera. Muchas de estas tareas, como veremos más adelante, puedes hacerlas tú, contigo mismo, o subcontratar a otros *freelance* para proyectos puntuales, alquilar naves y platós por horas (siempre y cuando el presupuesto del proyecto te permita hacerlo), alquilar material, establecer sinergias con productoras grandes para que te cedan TODA su infraestructura a cambio de «lo que acordéis que pueda resultarles interesante», colaboraciones y un sinfín de posibilidades que seguro que se te ocurren con tal de no invertir cada año indecentes miles de euros que, sí o sí, vas a tener que facturar para, por lo menos, cubrir gastos.

2º No necesitas empezar barriendo suelos para llegar a ser director de lo que sea. Si tienes conocimientos audiovisuales, puedes empezar a dirigir ahora mismo. Desde un videoclip para tu primo el del pueblo, hasta el de un cantante famoso que ha querido apostar por tu talento (este segundo lo tendrás que conseguir habiendo dirigido antes a tu primo el del pueblo, pero eh, has sido director y el cantante famoso no tiene por qué saber si es tu primo, un cantante de Indonesia o una futura promesa colombiana que acudió a tus manos). El caso es que puedes ser director cuando quieras. Así que ¡dale caña y selo!

3º Tú dependes de ti y de nadie más. Bueno, de tu cliente. Resulta realmente excitante no tener que rendir cuentas a nadie. Únicamente te tienes que encargar de hacer bien lo que le prometes que vas a hacer a tu cliente. Si cumples, el cliente te amará. Si no cumples, pierdes el cliente.

Simplemente, si todo eso va mal, tendrás que buscar otro cliente (esperemos que eso no ocurra, pues siempre tienes que poder hacer lo que prometes, indiscutible, si no, no lo prometas). Pero bueno, si tristemente eso ocurriera, tener un remanente de clientes es lo ideal, ya no solo en este sector, sino en cualquier sector existente en el mundo.

4º No tienes por qué discutir con operadores de cámara, directores de fotografía, foquistas, directores de arte, si no quieres. No los subcontratas y ya está. Lo haces todo tú porque puedes. Y créeme que puedes. Aunque si en algún proyecto despegas un poco más y hay más presupuesto, te recomiendo que delegues ciertas labores, siempre y cuando la complejidad del proyecto te obligue a tomar esa decisión. Si no, ¡hazlo tú! Porque, te repito, tú solo puedes hacer muchas, muchas cosas.

5º Existe una evidencia independientemente del tamaño de la producción. **El cliente quiere las cosas fáciles y cuanto antes.** Si tienen más pasta será más fácil, si tienen menos pasta será más difícil. ¿Te imaginas un proyecto que, además de ser de bajo presupuesto, tenga mil departamentos en la empresa a los que derivarle al cliente? ¡Qué pesadilla! Especialmente para el cliente, aunque también para la empresa. Ten claro que, si es de bajo presupuesto, mantener económicamente diferentes departamentos no será fácil. La idea es que seas tú todos los departamentos y seas tú quien da la cara en todo, sin hacer perder el tiempo ni a tu cliente ni a ti. Lo que quiero decir es lo siguiente: si no estás haciendo proyectos de decenas de miles de euros y no estás por la labor de tener una infraestructura que abastezca proyectos de bajo presupuesto, échale valor y sé todas las caras de la producción. Ponerle las cosas fáciles al cliente en proyectos así hará que ganes clientes y dinero. Por lo menos hasta que des el paso para desarrollar una compañía más grande, si es que eso te interesa. Puede que tener la responsabilidad plena te guste tanto que pases de jugarte la pasta en el futuro. Pero bueno, no estamos aquí para hablar de eso, sino de que seas el *crack* que maneje el cotarro.

GRACIAS, DEMOCRATIZACIÓN

Hace más bien poco tiempo, el sector audiovisual como vía de emprendimiento no era accesible a todo el mundo. Era un mundo caro en el que había que invertir cantidades de dinero muy altas para tener equipos de gran calidad con los que poder empezar a trabajar y, prácticamente, teníamos que movernos a la industria del cine para poder disponer de material decente. Gracias a la democratización de los equipos y al poderoso avance de la tecnología, allá por el año 2010 empezaron a nacer las cámaras pequeñas, réflex, y poco más tarde las cámaras aún más pequeñas, mirrorles. Equipos de alto rendimiento con un estupendo abanico de precios, accesible para todo el mundo. ¿Sabías que se han hecho series de Netflix con un iPhone? Esto ha avanzado y avanza a velocidades inimaginables con las que los *filmmakers* de los noventa hubieran soñado.

Gracias a la existencia de equipos de bajo presupuesto, puedes invertir muy poco dinero en equipos espectaculares a los que poner a prueba su rendimiento y obtener resultados sencillamente brutales. Claro que, conociendo el equipo que tienes en tus manos y hasta dónde puedes llegar con él, sacarle un provecho mágico y maravilloso será cuestión de preparación y tiempo.

Cuando empecé hace ya algunos años a emprender en el sector, sin una gran productora detrás, no tuve la necesidad de gastarme más de 3.000 € en un equipo de cámara, objetivos, luces, estabilizador y ordenador, el cual fui ampliando conforme iba amortizando esa primera inversión. Pero espera, tampoco creas que en mis incicios invertí mucho más que esos 3.000 €. ¡Llegué hasta los 4.500 € y multipliqué los beneficios en pocos meses después de rentabilizar esa pequeña segunda inversión de 1.500 € más!, cuando pude darme cuenta de las posibilidades que tenía en el sector y cómo podía explotar un equipo tan, tan barato. Evidentemente, cuando fui creciendo y viendo los beneficios que me reportaba ese pequeño equipo fui ampliándolo, cambiándolo y mejorándolo hasta obtener un equipo mucho más grande y profesional (equipo que a día de hoy sigo ampliando y que, por supuesto, seguiré ampliando en el futuro).

Ahora métete en una máquina del tiempo y cuéntale a un *filmmaker* de hace 15 años que por 4.500 € puedes empezar a producir contenido de altísima calidad y hacer que la gente empiece a confundirte con productoras consolidadas. Seguramente abra su mano, la eleve más allá de 90 grados, coja impulso y te suele un bofetón diciéndote algo así como «calla un poco, anda».

LA CÁMARA NO LO ES TODO

¿Qué quiero decir con esto? Me refiero a la calidad que puedes ofrecer con un equipo barato. La cámara no es lo que más importa ni tampoco el equipo que llevas. Es tu cabeza. Tu conocimiento. Tu sabiduría. Tu creatividad. Puedes gastarte en una cámara de cine barata alrededor de 25.000 € y hacer una basura de contenido y, sin embargo, coger un maravilloso iPhone y hacer una serie para Netflix. ¿Qué me dices? Pues eso, si todavía no te sientes lo suficientemente habilidoso como para explotar las posibilidades que tiene un *smartphone*, ¡ya estás tardando en hacerlo antes de comprarte un equipo mínimo de rodaje! Explota el ámbito no profesional y, cuando lo domines, echa a volar. Busca que la gente te pregunte qué cámara utilizas cuando, realmente, lo que utilizas es el mismo equipo con el que escribes a tus colegas para tomarte unas cervezas. Cuando recibas ese *feedback*, ¡enhorabuena! Estás preparado para hacer una mínima inversión en un equipo sencillo y profesional. Mientras tanto, no te lo recomiendo, querido lector.

Recuerdo que antes de comprarme el equipo mínimo con el que empezar a funcionar, grabé de forma *amateur* numerosas piezas musicales con mi iPhone, gracias a la colaboración de mi pareja, amigos y familia, quienes fueron un pilar fundamental en todo el proceso previo a invertir un mínimo de dinero. Recuerdo que incluso me presenté a un concurso nacional de cortometrajes, habiendo grabado todo con mi teléfono. Quería ver qué pasaba. Y la sorpresa fue… ¡que no gané! Era muy inexperto todavía, pero en ese cortometraje exploté todo lo que podía explotar mis habilidades sin, ni tan siquiera, un equipo barato semiprofesional. Solo móvil, ordenador y muchas, muchas ganas.

—Es fenomenal el resultado, Uli, me ha encantado lo que has hecho —me dijo un profesor de la universidad cuando le enseñé el corto—. ¿Con qué cámara lo has grabado?
—Adivina —le contesté con una sonrisa.
—Tiene pinta de ser con equipo Canon, ¿me equivoco? —respondió con total seguridad.
—Lo he grabado con el móvil —añadí.

A partir de aquí ya podéis imaginar cuál fue su cara y cuál fue mi próxima decisión de compra ☺.

Ya que lo menciono, tengo subido el cortometraje en mi canal de YouTube, por si queréis echarle un vistazo. Lo subí unos años después de hacerlo, cuando amplié un poco más mis conocimientos en postproducción de color y lo remastericé. Por cierto, los efectos especiales están hechos con el móvil. ¡Ah! El que actúa soy yo, aparte de dirigirlo y escribirlo, junto con mi chica.

CAPÍTULO 3

YA PERO, ¿CÓMO EMPIEZO? Y… ¿CUÁNTO COBRO?

Partiendo de la base que he comentado antes, para que un cantante confíe en ti necesita ver qué haces. Me da igual que el cantante sea o no profesional. Si no puede verificar con quién se juega los cuartos, olvídate de hacer nada. ¿Irías a ver un concierto sin haber escuchado antes nada de la música de su cantante? Supongo que no, ¿verdad? Pues eso, contigo ocurre lo mismo.

Independientemente de si ya has invertido un mínimo de dinero en un equipillo semiprofesional o no, tienes que darte a conocer. ¿Cómo? Esta es la parte más sencilla de todas. Ojo al dato:

¡PONTE A GRABAR, JODER!

Eso es, creo que se ha entendido. No importa si grabas plantas, árboles, a ti mismo actuando para ti, a tu pareja, a tus amigos, a los cuñados de tus primas o a quien sea. Estoy seguro de que tienes a alguien que esté dispuesto a que le grabes para crearte un porfolio. Y si no lo hacen por ti, que lo hagan por ellos. Porque tienes un amigo que canta cuando se toma 30 copas de ron y quiere pasar un rato divertido, porque a tu pareja le gusta mostrar cómo canta en Instagram y quiere que le grabes algo bonito para enseñarlo, etc. Y si planteamos un escenario tan, tan pesimista que no tienes a nadie que quiera ayudarte, ofrece tus servicios a gente local GRATIS y que no sean muy conocidos. Esos te dirán que sí, seguro, aun sin concer absolutamente nada de tu trabajo. Pruébalo ☺.

Querido lector, así es como se empieza a crear un porfolio de autor. Con el tiempo, tendrás el contenido suficiente para construir un *Reel*[3]. Cuando tengas el contenido suficiente, la calidad suficiente y un buen *Reel*, por favor, ¡compártelo! Crea tu marca y difúndela a todos aquellos cantantes que creas que pueden encajar con lo que estás haciendo. Si todavía la cosa está carente de madurez, apunta a cantantes carentes de madurez. Así hasta que empieces a crecer. Eso sí, elabora una buena carta de presentación. Puedes aprender sobre ello en cursos, libros y diversas formaciones sobre ventas y comunicación si no tienes mucha experiencia y, si la tienes, ¡también! Hay que formarse continuamente.

Investiga a tus cantantes, visualiza si tienen videoclips y si no los tienen, ¡dispara ya! Compara sus videoclips con lo que tú eres capaz de hacer. Si estás a la altura y encima lo puedes

---

3 *Reel*: video corto que recopila una parte importante de los trabajos de un autor.

mejorar con algún aporte de valor extraordinario, házselo ver urgentemente.

Por lo general, es complejo contactar con cantantes profesionales conocidos, pues las vías de contacto pueden ser agencias, discográficas, mánagers o derivados, aunque muchos de ellos atienden a los mensajes de Instagram u otras redes sociales personalmente. Todo es cuestión de probar. Pero desde aquí te digo que los cantantes semiprofesionales, todos y cuando digo todos (no creo que me equivoque), gestionan sus redes sociales y *emails* personalmente. Si no te contestan, probablemente es que no les has interesado lo suficiente. Sigue mejorando.

El escenario más positivo que se puede presentar es que tengas que evitar esta labor comercial y directamente te hablen ellos, aunque siento desmotivarte, para que eso ocurra hay que tener mucho, mucho, mucho rodaje hecho y ser relativamente conocido, y aún así es difícil. Hay que moverse, amigos. En este mundillo, y en casi todos, nadie te regala nada. Y si se da el caso de que no te hace falta ponerte en contacto con nadie, es que has hecho las cosas estupendamente bien con anterioridad, con el trabajo que eso conlleva.

Cuando hagas los deberes, verás que ocurren cosas. Puede que te hablen ellos o que lo hagas tú y, en ese maravilloso momento de la conversación, llegará la pregunta del millón: ¿cuánto cobras? La pregunta que horroriza al 99,99 % de las personas que son primerizas. Tranquilo, coge aire y respira. Mi consejo es que tengas pensados ciertos precios antes de que llegue este momentazo. ¿Listo?

¿CUÁNTO VALE UN VIDEOCLIP?

Depende, es muy complicado dar precios cerrados. Cada creador es un mundo. Cada autor es capaz de hacer una cosa. Unos mejores y otros peores, por lo que la subjetividad a la hora de presupuestar un videoclip tiene muchas variables:

- ¿Quién eres?
- ¿Qué eres capaz de hacer?
- ¿Cuánta experiencia tienes?
- ¿Con quién has trabajado previamente?
- ¿Con qué velocidad trabajas sin alterar la calidad?
- ¿Cuál es tu especialidad?
- ¿Eres autónomo? ¿Cuánto te cuesta la cuota de autónomos?
- ¿Y asesoría? ¿Cuánto te cuesta pagar a un gestor que te lleve las cuentas?
- ¿Tienes oficina o trabajas desde casa?
- ...

Y puedo seguir así las próximas cinco páginas del libro. Evidentemente, cuanto MÁS TODO, más tienes que cobrar. Sencillo, ¿verdad? Sí, Uli, pero ¿desde cuánto empiezo? No soy quién para aconsejar sobre eso, pero voy a mojarme un poquitín. Lo más importante es respetar el trabajo de nuestro sector, tanto el trabajo que tú haces como el que hacemos todos los creadores de contenido, de modo que, si tiras o regalas los precios sin motivo, estás haciéndote daño a ti y a todos los que trabajamos en esta industria.

En primer lugar, adáptate al país en el que trabajas. Yo vivo y trabajo en España, actualmente, de modo que las referencias económicas que voy a hacer son para este país, aunque el mensaje es el mismo para todos.

Antes de lanzarte a nada económico te recomiendo que si tienes la suerte de tener algún amigo o conocido en el sector te eche un cable. Te será de gran ayuda. Si no lo tienes, puedes escribir a infinidad de productoras o *freelance* de tu país, como si te interesaran sus servicios y que te cuenten lo que cobran. A partir de ahí, compárate contigo y establece tu precio. Si aun con estas alternativas no consigues nada de información, cosa que dudo porque hay muchas empresas que incluso tienen publicados los precios en sus páginas web, puedes estimar lo siguiente:

FÓRMULA SENCILLA

- ¿Cuánto me gustaría ganar al mes? Ponte un precio de vida mensual. Sé coherente con la vida que llevas por el momento, con lo que eres capaz de hacer y con el equipo que tienes. Pongamos como ejemplo 1.500 €.
- A ese dinero que te gustaría ganar al mes réstale los gastos fijos que tienes, tanto de tu negocio (cámara, estabilizador, luces, asesores, etc) como de tu vida cotidiana (alquiler, seguro de coche, combustible, comida, etc). Supongamos que estos gastos fijos ascienden a 800 € al mes.
- Ahora quitale a los 1.500 € que te gustaría ganar los gastos fijos mensuales que tienes o que estimas que tendrás, si es que todavía no los tienes. 1.500-800 = 700 €.
- Estos 700 € es la cantidad de dinero limpio que tú te

quedas. Es decir, para comprar nuevos equipos, para ahorrar, para invertir o para jugar a los bolos, si es lo que quieres.
- ¡Muy bien! Si dividimos los 1.500 € entre 30 días (aunque algunos meses tengan 31 o 28, como febrero), deberás ganar 50 € al día. Si contamos con que los fines de semana no trabajas (¡aprecia tu tiempo de descanso!) deberíamos hacer 1.500 € entre 20 días laborales, de modo que el precio que debes ganar cada día asciende a 75 €/día.
- Ahora, como ya tienes cierta experiencia en saber lo que tardas en hacer un video, por sencillo y *amateur* que haya sido (porque has estado creando un porfolio con tu maravillosa gente), estima cuánto te puede costar hacer el trabajo que un nuevo cliente te está pidiendo (sé coherente con los plazos).
- Te recomiendo que computes por días y no por horas, aunque un día sean 2 horas de rodaje, ten en cuenta que el día anterior vas a tener que cargar baterías, limpiar los equipos, estudiar el guion, desplazarte al lugar, establecer el set, etc. Y suma y sigue. Eso es tiempo que no puedes dedicarte a contar. Por lo que yo mis días los computo así. Trabaje 2 o 12 horas al día.

PD: ten en cuenta que cuanta más experiencia tengas, más rápido trabajarás. Eso no es sinónimo de cobrar menos, sino, en algunos casos, ¡más! Pero calma, cuando llegue ese momento serás tú mismo quien domine esta materia.

Debes saber que el precio que pongas a tus servicios incialmente cambiará conforme aumente tu experiencia, tu equipo, etc. Así que no tengas miedo a decidir por dónde empezar. Esto es solo el principio.

RESULTADO

- Si te piden un videoclip sencillo en el que:
    o Pienses una mínima idea, seguramente eso te suponga un día (recuerda, un día de 2 horas o de 8 horas) = 1 día
    o Grabes una tarde (4 horas) = 1 día
    o Edites el video = 2 días
    o Te pidan un par de cambios, subas los archivos, charles con ellos, incluso os reunáis para verlo, etc. = 1 día
- Tenemos un resultado de 5 días multiplicado por los 75 € al día que nos ha salido anteriormente = 375 €, a lo que habrá que sumarle los correspondientes impuestos de cada país. En España es el 21 % de IVA.
- De modo que algo básico y sencillito podría venir a costar, en función del ejemplo de objetivo mensual que he puesto como orientación anteriormente, **453,75 € impuestos incluidos.**

Este ejemplo que he puesto es algo sencillo para que puedas manejarte de forma fácil y rápida a la hora de establecer tus primeros presupuestos. Ahora bien, ten en cuenta toda la serie de preguntas que he puesto con anterioridad (¿quién soy?, ¿qué experiencia tengo?, etc.) y a partir de ahí o subes o bajas tu tarifa diaria. Te recomiendo no cobrar **NUNCA** menos de 300 € por un videoclip. Sería tirar tu trabajo a la basura. Por muy mal que lo hagas, estás invirtiendo tiempo, conocimiento y equipo. Por debajo de esa cifra es mejor hacerlo sin cobrar, a modo de colaboración por algo que os interese a ambas partes. Si no, recuerda, **NUNCA.** Valora tu trabajo. Si no quieren pagar un mínimo, no te interesa trabajar con esas personas. Ten en cuenta que ya de por sí una sesión de fotos sencilla y profesional a particulares, realizada por alguien que no lleve mucho tiempo en el sector, pero que haga un trabajo bueno, puede oscilar entre 200 € y 300 €. Un videoclip no debería bajar de 300 € nunca, sobre todo, en la industria NO profesional. En la profesional, cuando trabajes con gente que vive de la música, sube el precio mínimo obligatorio, por favor (aunque cuando llegue ese momento no me cabe duda de que ya sabrás cuánto cobrar).

Siento ser pesado con esto, pero ¡consigue los precios de tu competencia y utilízalos como fuente de referencia fundamental! Así podrás saber en qué precio se mueven los creadores de tu ciudad, comunidad o país.

CAPÍTULO 4

EL SALTO PARA VIVIR DE ELLO

MÚSICO NO PROFESIONAL VS PROFESIONAL

Quiero dejar clara una cosa para que comprendas cómo funciona esto. Del cantante NO profesional no se puede vivir ni debería ser tu objetivo. Entiende que si ellos no viven de su música tú no vas a vivir ella. Tiene sentido, ¿verdad? Te voy a dar un par de motivos. Primero, porque no tiene el suficiente dinero para invertir en tu producto y, segundo, porque para que te salga rentable tienes que trabajar con decenas de cantantes de este tipo, lo cual es una situación compleja dada la dificultad de trabajar con tantos a la vez, la cantidad de tiempo a invertir y la poca probabilidad de tener cierta recurrencia en creaciones de estas características. Pero ojo, este tipo de músicos son la catapulta hacia el profesional, quien sí que vive de su música, factura por ello y necesita de tus creaciones para que sus fans sigan contentos y pueda seguir creciendo. Trabajar con este músico debería ser tu objetivo.

Hablando claro, piensa que si muchos cantantes que viven de ello al 100 % lo tienen jodido para invertir en audiovisual, ¿cómo van a invertir con recurrencia aquellos cantantes que no viven de su música? Es complicado. Pero oye, igual uno de esos cantantes *amateurs* lo peta mientras le produces los videos, os hacéis profesionales juntos y llegáis al estrellato a la vez. Ojalá.

LO BUENO DEL CANTANTE PROFESIONAL

Tenga o no tenga mucho dinero, te dará cierta recurrencia si le conquistas de alguna forma. Ten en cuenta que en el mundo del arte nos sentimos inseguros cuando cambiamos a nuestra queridísima fuente de confianza. No es como ir a otra tienda a por una camiseta. Aquí hay otros factores aparte de la calidad que uno maneja. La forma en la que te entiendes con el artista, cómo trabajas y lo bien que capturas la información que recibes de su parte. Por lo que si está contento contigo es muy probable que no quiera abandonar a su *filmmaker* de confianza. Así que, si consigues un cantante profesional, ¡cuídalo!

Tener una regularidad de trabajo a día de hoy es muy, muy importante. Asegurarte una serie de videoclips al año resulta interesante, pues sabes cuánto vas a ganar si eso está recogido en un contrato, lo que te da seguridad económica. Ten en cuenta que, a día de hoy, es muy raro ver canciones en YouTube sin videoclips, aunque sean supersencillos. Por lo tanto, como ellos estarán cobrando los *royalties* de cada canción que suban (los cuales pagarán los videoclips, dependiendo de quiénes sean), querrán sacar más y más canciones, que sin un video detrás, en plataformas de video como YouTube, pierden mucha fuerza. A estos ingresos súmales la fuente de entrada proveniente de los conciertos que hagan. En resumen, toda esta recurrencia es imposible que te la dé un músico no profesional que no tiene unos ingresos frecuentes a través de estas dos principales vías (*royalties* y conciertos), a no ser que tenga el dinero por castigo e invierta más dinero de lo que gana. Pero oye, de todo hay en esta vida. En definitiva, si ellos viven de ello, tú también. Si no, es difícil.

Un aspecto fundamental que no puedo dejar escapar es el siguiente: si el cantante es profesional y confía en tu talento para expresar audiovisualmente su música es muy probable que no te taladre la cabeza con muchos cambios al terminar el trabajo, pues, al ser profesional, tiene la madurez suficiente como artista como para saber que tu trabajo es el que necesita. Por eso trabajas con él. Con los artistas no profesionales, además de ganar menos dinero es muy probable que ganes en dolores de cabeza, pues, en muchas ocasiones, su inexperiencia hace que no tengan claro ni ellos qué es lo que necesitan. Así que, antes de dar el salto, abróchate el cinturón para encontrate clientes con las siguientes características:

1º Malos pagadores.
2º Muy pesados.
3º Muy indecisos.
4º Que te pidan muchas cosas por cantidades de dinero insuficientes.

CONSEGUIR AL CANTANTE PROFESIONAL

Ya conoces un poco más sobre cómo se mueve el sector profesional y *amateur*. Pero ahora tu gran pregunta será: ¿cómo rayos consigo trabajar con gente que viva de la música? Evidentemente no es fácil, como nada en esta vida que merezca la pena. Vas a tener que crear un porfolio a la altura de aquellos a los que quieras apuntar y, por supuesto, la puesta en contacto con ellos tiene que ser por todo lo alto. ¿Cómo? Desde mi experiencia, puedo ofrecerte dos opciones:

1. Detecta una NECESIDAD que tenga el artista y ayúdale a solventarla: haz una labor de investigación potente sobre lo que tiene publicado, cuánto dinero crees que invierte en ello (si te puedes enterar de lo que invierte investigando a tu competencia ¡adelante!). Estate muy seguro de que lo que tienes que ofrecer es mejor que lo que ya tiene y piensa una propuesta económica interesante para ambos. Cuando tengas esta labor hecha, investiga todo lo que puedas sobre cómo contactar directamente con él (Instagram, email, web, teléfono, etc.). Una vez localices esas vías de entrada, elabora un mensaje espectacular, con personalidad propia y que te diferencie del típico comercial de Vodafone. Para ello, vuelvo a recomendarte que te formes a través de libros, cursos, seminarios, etc., sobre el imprescindible mundo de cómo venderte. ¡Ánimo! ¡No es suficiente con trabajar bien! Hay que saber venderse.

2. Trabaja GRATIS: sí, has leído bien. A todo lo anterior que ya he mencionado, súmale esto que te voy a contar. Si estás tan seguro de superar lo que ya tiene, una vía fantástica de entrada es ofrecerle un primer videoclip gratis, para que vea con quién se juega los cuartos y lo excepcional que es el trabajo que vas a ser capaz de hacerle de aquí en adelante en su trayectoria profesional. Si acepta, haz algo maravilloso y que supere con creces sus expectativas. Si lo haces, te aseguro que lo conquistarás. ¡Ojo! Antes de llevar a cabo esta acción, asegúrate de que no se aprovechan de ti. Hablad de futuro e invierte tiempo en conocer más sobre él. Repito, investiga todo lo mencionado en el punto anterior. Cuando estés seguro de que no se quiere aprovechar de ti ¡dispara! Te puedo asegurar de primera mano que esta táctica es infalible. Pero para no perder el tiempo, asegúrate de estar a la altura.

CAPÍTULO 5

CUANDO LLEGUE A LA INDUSTRIA ME LLOVERÁN PROPUESTAS, ¿VERDAD?

Siento romperte el corazón, pero ¡es improbable que eso ocurra! Obviamente, cuantas más personas vean tus videoclips más probabilidades tienes de que te escriban cantantes, mánagers o discográficas, pero de ahí a que te lluevan propuestas, como muchas personas creen después de ver que su videoclip consiga un millón de visualizaciones, hay un paso muy grande.

Voy a hablarte de mi experiencia personal para solucionar al máximo tus dudas. A día de hoy, mientras escribo este libro, el conjunto de visualizaciones que tienen mis videoclips en YouTube rondará los 40 millones de reproducciones. He de decirte que sí, se han puesto en contacto conmigo diferentes artistas para barajar la posibilidad de trabjar con ellos, pero, por A o por B, la gran mayoría de esos jugosos proyectos no han salido adelante. En ocasiones hay muchos intereses detrás, pero déjame que te diga algo fundamental:

Cuando estés dentro de la industria y hayas cobrado X por tus videoclips, no bajes de ahí a no ser que determinadas situaciones lo requieran.

¿Qué te quiero decir con esto? Es posible que pierdas proyectos porque los quieren más baratos de lo que estás acostumbrado a facturar y bajar el listón puede suponer que tus artistas de confianza se enteren y también pretendan trabajar más barato. Respeta tu caché y, sobre todo, respétate a ti, a tu trabajo y a tus clientes. Es una industria muy bonita así que intenta no quemarte con el tema de los precios. La paciencia juega un papel importantísimo en todo este proceso. Deberás seguir utilizando tus dotes comerciales para contactar con nuevos artistas, ser rechazado, ser aceptado, responder llamadas agradables que cierren maravillosos acuerdos y tratar de lidiar con idiotas que salen de los lugares más inesperados. «De todo hay en la viña del Señor», dice el dicho, ¿no? Pues eso.

Independientemente del aspecto económico, que es importante, tienes que valorar otras muchas cosas cuando estés trabajando en diferentes acuerdos.

ANTES DE ACEPTAR O RECHAZAR

1º ¿Te gusta ese artista y la música que hace? Es fundamental sentir **conexión con la música** con la que vas a trabajar. Si no, te resultará muy difícil crear contenido. En mi caso, he rechazado proyectos con los que no me sentía en comunión por el mero hecho de no sentirme representado, que me pidan cosas extrañas o que, directamente, esa música me cause rechazo. ¿Cómo voy a trabajar en algo que me causa rechazo o no es lo mío? Es mi filosofía. De esa forma consigo trabajar siempre en proyectos que me hacen feliz de alguna manera. Ahora bien, si lo que quieres es únicamente dinero, agarra todo lo que puedas, pero te expones a no explotar tu creatividad, lo cual puede repercutir a largo plazo en tu trabajo y en cómo te perciben. Es solo una recomendación.

2º ¿Cómo es el artista como persona? Mi consejo es que te juntes a todos aquellos que tengan buen corazón. Eso te lo dirá el tiempo, pues conocer a una persona requiere de paciencia y, en cierta manera, de un ojo avispado. Es mejor trabajar por menos dinero con buenas personas que inflar tu bolsillo a base de migrañas. Busca siempre la **calidad humana.**

3º **¿Cuántos videoclips** quieren? 1, 2 o… ¿para todo el disco? Cuanto más volumen te den te recomiendo portarte mejor con los precios. Utiliza escalados. Por ejemplo: 1 videoclip = 1.000 €/ud, 2 videoclips = 900 €/ud, 5 videoclips = 750 €/ud y así sucesivamente. Hay que premiar la recurrencia SIEMPRE. Estos precios son números orientativos, no tienen por qué ser reales. ¡Son simples ejemplos para que entiendas el concepto!

4º ¡Que sea **buen pagador**! Ojo con aquellos que tardan mucho en pagar. Pregúntate algo fácil: cuando voy a una tienda de ropa, ¿cuándo pago? Pues eso, espero que tú mismo te respondas y puedas ser razonable con los plazos de los pagos. En España existe la triste y lamentable costumbre de que los clientes puedan pagar legalmente a sus proveedores hasta 60 días a fecha factura. Con los músicos eso no suele pasar, es más común entre empresas. Aun así, ¡ojo! Intenta nunca alargar tu fecha de cobro a tantos días. Y ni que decir tengo que, a no ser que sea por causas de fuerza mayor, no toleres sobrepasar la fecha límite legal. Si no, ¡adiós! (o cobra el doble ☺).

5º **¿Cuánto valora** el artista **tu trabajo?** Parecerá una tontería, pero si alguien, quien sea, contrata tus servicios es porque de alguna forma le gusta el trabajo que haces, por lo que, en mi opinión, no sería de recibo que te pidan que tu trabajo sea similar al de otro creador o que hagas un esfuerzo en que algún aspecto de tu trabajo pierda su seña de identidad. Ten en cuenta que pueden enviarte referencias, al igual que tú puedes basarte en otros autores para crear, pero siempre y cuando mantengas tu identidad. Otra cosa es que todavía no te hayas formado una personalidad audiovisual, pero, en ese caso, me extrañaría que ya estuvieras trabajando en el sector profesional sin tener un mínimo de estilo definido. Por lo tanto, si tienes un estilo definido, tus artistas deberán valorar tu trabajo por cómo lo haces, aunque vayas modificándolo y mejorándolo, poco a poco, con el paso del tiempo.

6º **¿Respeta las condiciones** del contrato? Mi consejo es que antes de lanzarte a este mundillo, incluso aunque todavía no ganes dinero por ello, te prepares un buen contrato, con una serie de términos y condiciones que, por experiencia te digo, irás ampliando con el paso del tiempo en función de las cosas que te ocurran en tu trayectoria profesional. Puedes encontrar en internet decenas y decenas de modelos de contrato para los diferentes sectores de la producción audiovisual, fotografía, videografía de bodas, etc., y hacer una mezcla de todos ellos para hacer el tuyo propio, lo cual te evitará problemas en el futuro. Si aun así te da pereza hacer esta labor de búsqueda y lo quieres tener más fácil, voy a decirte algo: ¡tengo tu solución! Escríbeme a **info@ulimorenomontana.com** y te envío el tipo de contrato que yo hago. Si hubiera recibido este consejo cuando empecé, hubiera evitado algún que otro malentendido ☺.

7º ¿En qué círculo se mueve? ¿Es un **círculo social** que te interesa? Ten en cuenta que los proyectos que lleves a cabo y para quién los lleves a cabo harán que tu imagen como creador se vea relacionada con el círculo en el que se mueve tanto el artista como ese tipo de música. Aunque no tengas nada que ver con eso, afectará a tu imagen para bien o para mal. Dos ejemplos:

- Un artista que, aparte de buena música, es buena persona, tiene una comunidad de fans saludable y en su círculo de negocios es conocido por innumerables cosas positivas como las que hemos ido comentando con anterioridad. No te quepa duda que trabajar con ese artista, aparte de beneficiarte económicamente, te pondrá en muy buena estima. Acércate siempre que puedas a personas de este tipo. ¡Investiga!
- Un artista que aunque haga muy buena música es conocido por deber dinero, no haber pagado a ciertos proveedores, sus fans están relacionados con sectores delictivos o de consumo de drogas, suele aprovecharse de otras personas, etc. Todo ello puede aniquilar tu imagen como creador. ¡Respeta tu imagen, siempre!

CAPÍTULO 6

TRABAJA RÁPIDO, TRABAJA BIEN

Esto que te voy a adelantar es importante. Sobre todo, para que vayas calentando motores y entrenando para lo que está por venir. ¡En el mundo de la música se trabaja como un rayo! Hay otros sectores como la publicidad o las bodas, donde las fechas, tanto a la hora de fijar rodajes como de entregar proyectos terminados, suelen funcionar a otro ritmo. Por lo general, puedes permitirte ir más despacio (no siempre). En la música esto no funciona así. Ten en cuenta que son los propios músicos los que muchas veces van como locos en la composición, producción, distribución, etc., porque las discográficas les ponen fechas límite para ir sacando contenido. Si tienes suerte y trabajas con artistas profesionales independientes, sin discográfica, es posible que juegues con márgenes de tiempo más altos. Pero no siempre será así. A mí me ha llegado a ocurrir que un artista necesite un videoclip para una fecha determinada (a una semana vista) y yo estar sin poder escuchar la canción finalizada hasta el día anterior al rodaje, disponiendo, los pocos días anteriores, de una versión grabada por el cantante con el móvil y con voz de pitufo para que vaya haciéndome a la idea. Sí, es entre maravilloso, estresante y excitante a la vez, pero en muchos casos será así. Desde aquí te adelanto que la canción masterizada[4] es muy probable que ni la oigas hasta que vayas a exportar el video definitivo y tengas que trabajar en postproducción con una previa al archivo máster. No es un problema, ojo, pero para que veas que aquí vais a ir todos con prisa. Productor musical incluido ☺.

Si ya has entendido el concepto de la velocidad tienes mucho ganado. Por lo que deberás estar preparado para hacer la preproducción en pocos días, rodar en un día o menos que eso y editar en dos días. Es probable que tengas márgenes un poco más altos que eso, pero yo he tenido que enfrentarme a situaciones así muchas veces, por ejemplo, con Andy y Lucas. Preproducción casi inexistente, rodaje de 4 horas y postproducción de 2 días. ¿Qué me dices? Se puede, créeme. Pero sí que es cierto que hace falta algo de experiencia en ejecutar proyectos, porque si de buenas a primeras te encuentras con algo así es posible que tus nervios te jueguen malas pasadas así que: también deberás poder controlar el estrés. Si eres capaz de trabajar con estos márgenes y con resultados de calidad, tus clientes te amarán.

Debes saber que es complicado equiparar la calidad de tus proyectos de poco margen de tiempo a los de un margen más

---

4 Canción masterizada: último paso de la postproducción de sonido. El propósito es que todo esté equilibrado y listo para publicar.

amplio. Por lo general, a más margen, más calidad podrás ofrecer. Es lógico. Si dispones de tiempo para lucirte, te lucirás. Si dispones de menos tiempo, haz todo lo posible por lucirte igualmente. Pero no puedes bajar el listón en ningún caso. A continuación, voy a exponerte varios ejemplos de casos míos reales, que además podrás ver en internet.

Uno de los videoclips a los que más cariño tengo y de los que más orgulloso me siento es de *Virgencita*, una canción preciosa de Maki (ft. Luiso). Recuerdo que era mi primer videoclip con Maki, por lo que las ganas que tenía de lucirme, como te puedes imaginar, eran 100 sobre 100. Un 26 de diciembre hablamos por teléfono para exponer el proyecto y me comentó que el video máster debería estar entregado alrededor del día 10 de enero, más o menos, para que **Warner Music Spain**[5] lo tuviera en sus manos, por lo menos, un mes antes del lanzamiento público. De modo que, teniendo esa información, hice rápidamente mis cálculos para saber cuántos días tenía para poder trabajar. Teniendo en cuenta que estaba la Navidad de por medio, con sus correspondientes días festivos y reuniones familiares, estimé que el rodaje podríamos hacerlo el día 7 y 8 de enero y dedicar los días previos (más o menos 7) a:

- Escribir el **guion** y que sea aprobado.
- Localizar una **actriz** con el perfil que buscábamos.
- Conseguir una **casa** (sí, dada la prisa que teníamos utilicé la de mis padres).

---

5 Warner Music Spain: vertiente española del sello discográfico Warner Music Group. Uno de los sellos discográficos más importantes del mundo.

- Conseguir una **localización** acorde con lo que queríamos transmitir en la historia (un edificio derruido).
- Conseguir la estatua de una **virgen** (lo requería la historia).
- Hacer el **guion técnico y plan de rodaje**, una vez tuviera todo conseguido.

A estos 7 días, tenía que añadirle la complicación de que, seguramente, muchas de las personas con las que tenía que contactar estuvieran de vacaciones o con disponibilidad baja para esas fechas. Así que crucé los dedos y empecé a preguntar en agencias de actores de Zaragoza, pues nuestra idea era grabar allí, y a diferentes contactos del mundillo de la interpretación que he ido haciendo a lo largo de los años. La cosa se empezó a complicar. Busqué localizaciones (necesitábamos un lugar derruido) por la zona e intenté cerrar este asunto. Se complicó, también. Todos los lugares me pedían un mínimo de 30 días de antelación para tramitar los derechos de grabación, pues muchos de esos sitios eran públicos (todo lo público es extremadamente lento). Como te imaginarás, empecé a agobiarme (un poquito solo ☺). Me acordé de un monasterio derruido por la zona de Logroño, capital de La Rioja, mi tierra natal, el cual conocía porque unos años atrás estuve en las inmediaciones haciendo fotos con mi chica, Laura. Automáticamente se me encendió la bombilla y tuve una buena sensación. Contacté con la novia (modelo) de un muy buen amigo mío de Logroño para ofrecerle el papel de actriz. Aceptó sin pensarlo. ¡Bingo! Primera cuestión cerrada. Ahora tuve que enterarme de cómo contactar con la persona propietaria de aquel monasterio derruido y abandonado. No fue tarea fácil.

Solicité la entrada a un grupo de Facebook de Logroño de 20 mil personas, únicamente disponible para gente de allí. Como yo soy nativo de la ciudad aceptaron mi solicitud y entré. Pregunté por el lugar y muchas personas empezaron a enviarme teléfonos de empresas. No acertaron con ninguna. Me puse en contacto con una amiga que tenía muchos contactos en la ciudad y empezó a moverse para hacerme el favor. Finalmente, en cuestión de horas, dio con el número personal del propietario de aquel enorme monasterio abandonado. Un empresario riojano director de una conocida bodega de vino.

Llamé al propietario y le expuse la situación. Se negó rotundamente a dejarnos grabar, pues el lugar estaba derruido y tenía miedo de que ocurriera una desgracia y la responsabilidad cayera sobre él. Tiene sentido. Colgué el teléfono y me vine abajo. Pero no decaí. Pensé durante un par de días diferentes opciones y no resultaron válidas. Después de darle muchas vueltas a la cabeza se me ocurrió proponerle hablar con su asesor legal (esto sería un 3 de enero, casi cuando yo tenía previsto rodar), para ver cómo podíamos hacer para librar a la empresa de responsabilidades en caso de accidente, pues yo estaba muy interesado en ese lugar, por logística, por belleza y ¡por todo! Aunque a las alturas que estábamos ¡por tiempo! Necesitabamos grabar en tres días. Aceptó mi propuesta y conseguí hablar con su asesor. Tras una larga conversación, me explicó que, si ellos incluían en su seguro de responsabilidad civil el día de rodaje y a las personas que íbamos a estar allí, podríamos grabar, siempre y cuando no fuéramos más de cinco personas. Vi la luz, pero, ¿qué ocurrió? Que la cosa se complicó más. Al ser Navidad, su compañía aseguradora no podía tramitar la solicitud hasta pasado el periodo vacacional, así que todo se volvió a ver imposible. Se me ocurrió contratar nosotros ese servicio y le pareció bien, de modo que llamé urgentemente a Maki y le dije que o lo contratábamos nosotros o no podíamos grabar. Maki se encargó de gestionar esa parte y ¡JODER, POR FIN!, incluso me recorre un cosquilleo la espalda mientras escribo esta historia, aunque haya pasado ya un tiempo. Conseguimos el lugar de rodaje dos días antes de rodar. Así que fui a ver la localización, perfilé el guion y compuse el guion técnico. Dos días de rodaje como predije. Uno para la parte donde la actriz aparece en el *flashback* y otro para el rodaje en el monasterio. Todo fue sobre ruedas. Lo monté en tres días, más o menos y quedamos todos contentísimos. La satisfacción que nos produjo ver el video terminado después de aquellos intensos días no se puede explicar, ¡solo se puede vivir!

También te digo que no es lo típico tener este nivel de estrés para un videoclip, por lo menos, no me ha tocado en muchos más, así que tranquilo. No creo que tengas que grabar con estos márgenes muy frecuentemente, pero seguro que en alguna ocasión lo tienes que hacer.

Cambiando a otro ejemplo, aunque no sea un videoclip como tal, me parece interesante recalcar este rodaje, pues está vinculado con la industria musical porque el artista es un DJ. *We wanna come back – A story about Eyeri Merino.*

Es otro ejemplo de trabajo aún más rápido, aunque el agobio aquí no estuvo presente, pues decidimos nosotros rodar así. El artista tenía muchas ganas de sacar un video en el que explicara como se sentía después de haber sufrido las consecuencias del COVID-19 y lo que eso había afectado a la industria. Hablamos por teléfono para plantear algo rápido y sencillo. Yo estaba con fechas cerradas de otros proyectos y no tenía mucho tiempo y él quería sacarlo cuanto antes para anunciar el lanzamiento de unas canciones. En este caso hicimos algo que no suelo hacer. Improvisar. Fijamos fecha a nuestro encuentro, nos reunimos en su casa y empezamos a pensar juntos. Conforme pensábamos, grabábamos y dábamos forma al video. Y así estuvimos desde las 4 p. m. hasta las 10 p. m. Durante el rodaje, al artista se le ocurrió el ambiente sonoro que íbamos a darle, pues no teníamos nada definido. Al día siguiente, me envío el sonido que diseñó, pues lo estuvo trabajando cuando yo me fui. En un par de días hicimos un buen video para su canal.

Detrás de cada video siempre hay una historia y si me pongo a contar la de cada uno necesitaría hacer un libro paralelo que se llame *Las historias de mis videoclips*. Que oye, igual en el futuro… ¿quién sabe? Pero ahora, a lo que vamos.

He querido recalcar estas dos historias, especialmente la primera, para que veas que la velocidad y la calidad **deben** estar estrechamente relacionadas y tienes que estar preparado para ello. Una muy buena forma de entrenar antes de saltar al ruedo es hacer videos con alguien que se preste a ayudarte, como hemos comentado con anterioridad, y ponerte tú mismo el reto en unos pocos días (u horas). Complétalo y valora el trabajo que has hecho. Te sorprenderás de lo que eres capaz de hacer.

Aunque durante el entrenamiento estés trabajando con personas de confianza, no demores ni alargues los rodajes por estar rodeado de, por ejemplo, amigos. Sé un profesional desde el principio, si no, cuando te toque dar el salto, tendrás problemas para estimar la calidad y duración de tu proyecto.

CAPÍTULO 7

TIPOS DE VIDEOCLIPS

No me gusta ponerme en modo profesor teórico, pero creo que es importante puntualizar qué tipos de videoclips te puedes encontrar ahí fuera, qué es lo que te pueden pedir y qué es lo que tú puedes ofrecer. Si partimos de la base de que puedes hacer casi cualquier cosa que puedas imaginar, voy a nombrarte de forma sencilla 5 tipologías muy frecuentes:

1 VIDEOCLIP DESCRIPTIVO

Este videoclip se caracteriza por mostrar al artista interpretando la canción, pero en contextos no musicales. Es decir, en diferentes localizaciones. Dentro de esta categoría podemos encontrar desde videoclips básicos muy sencillitos hasta lo que nos queramos complicar. El aspecto fundamental de esta categoría radica en mostrar al artista cantando en diferentes lugares, con o sin sentido. ¿Qué más da? La cuestión es que los planos sean lo suficientemente atractivos y expresivos como para que el espectador se quede hasta el final, disfrutando de la canción y del video. El sentido que le quieras dar al video dependerá de factores como el tiempo, lo que te proponga el artista o lo que se te ocurra a ti. Voy a utilizar un ejemplo visual para que puedas hacerte una idea muy clara de este tipo de videos. La cantante María Artés compuso una canción llamada *Tengo miedo*. Un tema muy personal en el que optamos por utilizar diversas localizaciones, unas con más sentido que otras.

Nos decantamos por mostrar un lugar derruido para contar las partes en las que ella decide hablar de su miedo más profundo, donde se expresa de forma más personal. Quisimos mezclarlo con ubicaciones más luminosas, en exteriores naturales y en un estudio que alquilamos con fondo blanco, para mezclar ese miedo (oscuridad y destrucción) con su parte más valiente y pura (luminosidad y espacios amplios).

Como ves, la importancia de este tipo de videoclips radica en lo que podemos expresar a través de las imágenes, movimientos de cámara, encuadres, interpretación del cantante, etc. También podemos acompañar los momentos de *playback*[6] con diferentes alternativas visuales, por ejemplo, con bailarines, si es que la canción lo requiere, claro.

Es el caso de *Hasta el infinito*, un videoclip en el que decidí acompañar la voz con el baile.

2 VIDEOCLIP MUSICAL

El artista interpreta la canción de una forma muy similar al anterior, pero en contextos musicales. Por ejemplo, en un escenario, en un teatro, etc. En cuanto a la ejecución de esta tipología, insisto, es parecida a la anterior. A continuación, te enseño como ejemplo el videoclip *Te quise tanto – Maki ft. Antonia*, donde mezclé el videoclip descriptivo y musical. Mi interés radica en que te fijes únicamente en la creación de esta tipología, no en la descriptiva.

---

6 *Playback*: acción de cantar por parte de un cantante. Esta acción se solapará a la canción original en postproducción.

3 VIDEOCLIP NARRATIVO

Hemos llegado a mi favorito. El que cuenta historias, es decir, por lo general, el que tiene planteamiento, nudo y desenlace. Aquí te hará falta, indiscutiblemente, escribir un guion sobre el que sentarás las bases de la canción. De alguna forma, lo ideal es que la historia que escribas guarde una estrecha relación con la canción, si no ¿qué sentido tiene? Este videoclip puedes hacerlo únicamente contando una historia, sin presencia audiovisual del cantante, o mezclando la historia con los *playbacks*. Por experiencia te digo que el 99 % de las veces los cantantes van a querer salir en el video. Será muy raro que te encuentres con casos en los que decidan no salir y utilizar solo la narrativa audiovisual. Este tipo de situaciones son más frecuentes con el gremio de la música electrónica, pues los artistas suelen ser productores musicales y no cantantes. Aun así, muchas veces también quieren salir dentro de la narrativa, aunque sea como actores. En resumen, con este videoclip haremos ¡PELÍCULAS!

Si tienes formación en guion cinematográfico será mucho más fácil para ti empezar a desarrollar ideas en el papel. Si no lo has hecho previamente, te recomiendo encarecidamente que antes de nada te formes en la materia de guion, pues tu videoclip será, fundamentalmente, un **guion.**

Te enseño uno de mis ejemplos, *Mis ganas*, el primer videoclip que hice con María Artés, una historia que, sinceramente, me encantó escribir ☺.

4 VIDEOCLIP *IN EO TEMPORE*

Esta categoría es algo menos frecuente, pero se hace. Es el resultado de un conjunto de tomas realizadas a partir de un concierto o evento, en ese mismo momento, sin poder repetirlas. Es un videoclip que tiene cierta complejidad, especialmente si vas solo. ¿Por qué? Porque serás tú la persona encargada de tener que simular diferentes posiciones de cámara y encargarte de controlar todo lo que está ocurriendo en el escenario. No es fácil, pero es posible. Date cuenta que tendrás de tiempo para grabar lo que dure el concierto o evento. Por lo general, de 30 minutos en adelante. Si vas a ser tú mismo quien ejecute este tipo de videos te recomiendo que el tema para el que vas a hacer el videoclip lo **grabes entero,** junto al cantante principal y te olvides de los músicos. Así tendrás el videoclip completo con un plano máster[7] que te ofrezca seguridad a la hora de editar tu video. Lo ideal sería tener más de un máster, pero no es posible en esta categoría, pues se trata de un evento en directo. Lo que puedes hacer es pedir al cantante o al grupo que hagan una prueba de sonido con la canción del videoclip antes de que entre la gente y así aprovechas a hacer otro *playback*. De esta forma tendrás **dos *playbacks* máster** en tu poder. Eso es oro, amigo mío.

Por otro lado, te recomiendo que antes del concierto te envíen la programación o *set list*, para que sepas el orden en que van a sonar las canciones, así estarás preparado para el gran momento. La canción del videoclip.

En el resto de las canciones es innecesario que grabes al cantante vocalizando otras letras, pues no te será útil. Céntrate en capturar al público, a los músicos, al cantante por detrás y todos los recursos posibles que se te ocurran para poder tener un buen resultado y simular que había un montón de operadores de cámara junto a ti cuando, en realidad, estabas solo ante el peligro. Así que, cuando grabes al cantante, si solo tienes una oportunidad de grabarle la canción estrella, por favor, concéntrate al máximo y ¡no la cagues!

Veamos un ejemplo que hice hace algunos años con el grupo musical Betania, para su tema estrella *Courtney*, donde estuve subido al escenario durante todo el evento (1 hora).

---

7 Plano máster: se refiere a grabar una acción entera por seguridad, así no nos quedaremos en pelotas, en caso de emergencia, en postproducción.

5 VIDEOCLIP CONCEPTUAL

Esta categoría de videoclips es la encargada de generar un ambiente determinado a través de un conjunto de imágenes que buscan crear algún tipo de belleza. No tienen por qué tener sentido, de hecho, suelen ser abstractos.

Como tal, no he trabajado esta categoría de forma aislada, pero sí mezclándola con otras de las anteriores mencionadas. Puedes ver el ejemplo que trabajé en *Loquita loca*, donde mezclamos una historia muy, muy sencilla (sin planteamiento, nudo y desenlace), *playbacks* normales (digo normales por su caracaterística descriptiva anteriormente mencionada) y el trasfondo más **conceptual**, que es donde te tienes que fijar. *Playbacks* que dan la sensación de ir más rápido que la propia canción, pero sin llegar a adelantarla, utilizando un juego de luces de colores que se encarguen de ambientar la escena, únicamente, con el fin de embellecer, de que sea pegadizo y de animar al público a hacer un posterior reto para TikTok. ¡Ahí te lo dejo!

Si te apetece añadir una sexta categoría que se llame **Videoclip mixto**, seguro que ya te imaginas cómo la puedes definir ☺.

Bien, querido lector, teniendo en cuenta que ya has aprendido mucho sobre este apasionante mundillo, cómo funciona, qué puedes hacer con él y hasta dónde puedes estar dispuesto a llegar, tengo que contarte una de las partes más importantes de todas. Una que ya he mencionado durante todo el libro, pero en la que voy a profundizar, un poco más, en el próximo y último capítulo, antes de meternos de lleno en materia.

CAPÍTULO 8

TODO TÚ

Si tienes un mínimo de formación en la industria audiovisual, cosa que intuyo que sí, sabrás que cada persona desarrolla un rol muy concreto dentro del sector. De hecho, me atrevo a decir que en casi cualquier formación cinematográfica te alientan a especializarte en un campo determinado donde poder desempeñar tu trabajo. Es decir, puedes formarte en la universidad, como fue mi caso, y conocer las bases de muchos de los oficios, pero luego, teóricamente, deberás especializarte en el que más te guste para poder desarrollar esa labor con total profesionalidad. En la escuela de cine, más de lo mismo. En la formación profesional (grado medio/superior en España), también. Y así con todas. Cada formación tiene sus cosas muy positivas, incluso la formación autodidacta, a través de la cual tendrás que ser paciente, saber buscar la información adecuada y descubrir cómo orientar este tipo de estructura formativa. En mi caso, pienso que la formación autodidacta es un maravilloso complemento a cualquiera de las formaciones anteriormente mencionadas, si no ¿para qué carajo estaría escribiendo este libro o publicando cursos en mi página web? Pues eso, para echarte una mano a través de un sistema **no oficial**, querido amigo.

—Uli, creo que se te da muy bien dirigir, tienes habilidad para lo jóven que eres, por eso tienes que estar en el set de rodaje con el combo[8] y dirigiendo a tu equipo. No dirigiendo, operando y haciendo todo. Centrándote en dirigir —me dijo un profesor de la universidad, a quien admiro muchísimo, en su despacho—. No deberías ni ser tú el que haga la postproducción de tus videos. No tendrás la capacidad de ser tan objetivo. Especialízate en dirigir.

—Ya, pero ¿y qué hago si hay muchas cosas que me llaman la atención a parte de dirigir? —le pregunté—. Me gustaría poder abarcar más de una función de las que me gustan.

A día de hoy, si echas un vistazo al conjunto de mis videos, en general, siempre firmo como director y escritor, si es que también lo escribo, y el resto de títulos los añado únicamente si me interesa al final (y nunca todos). La realidad es que si me pusiera a firmar los videos como de verdad ejecuto la gran mayoría, en vez de quedar algo así:

DIRECTOR
ULI MORENO MONTANA

---

8 Combo: se llama así al monitor de rodaje por el que mira el director. En ocasiones, se instalan más combos, para otros miembros del equipo y para los clientes.

Quedaría algo así:

DIRECTOR, ESCRITOR, PRODUCTOR, DIRECTOR DE FOTOGRAFÍA, OPERADOR DE CÁMARA, STEADYCAM, FOQUISTA, DIRECTOR DE ARTE Y VESTUARIO, MONTADOR, ETALONADOR Y VFX
ULI MORENO MONTANA

No es serio, ¿verdad? Por eso, suelo utilizar la palabra **«director** y **mi nombre»**, o poco más. Los títulos que más me importan/interesan. ¿Qué quiero decir con esto? Que si no tienes o no quieres tener una infraestructura como la que hemos hablado en el capítulo 2 y te apetece llevarte el mérito tú solo, de momento, hasta que decidas despegar más, deberás hacerlo así. Así que déjame que te diga algo: para poder hacer todo lo que te he contado hasta ahora deberás **hacer caso omiso a todas aquellas personas que te digan que te especialices en una sola cosa**. Eso sí, es interesante que tengas un plus de excelencia en una o dos de las labores que lleves a cabo y en la que seas más especialista. En mi caso, me centro mucho más en la dirección y postproducción que en el resto de cosas. Pero eso no quiere decir que deje de hacer el resto o que les ponga menos cariño. ¿Se entiende el concepto?

Si estás leyendo este libro y todavía no te has formado en el sector de la cinematografía, te recomiendo que empieces a hacerlo lo antes posible. Sin formación no puedes crear absolutamente NADA. Te hará falta una buena base de lenguaje audiovisual.

Ten muy claro que si decides ser «el creador de videoclips sin rendir cuentas a nadie» ☺ vas a tener que tener hablidades en muchas vertientes que no son solo audiovisuales. Por ejemplo, ¡los negocios! Ámbito en el que ganarás habilidad conforme incrementes tu experiencia, pero, permíteme que sea pesado con esto, acelera tu proceso a través de formación. Me da igual que lo hagas de forma gratuita, de pago, con mentores, con tu primo el empresario, con un pódcast de Spotify, leyendo libros, etc. Pero acelera tu proceso. Voy a darte una recomendación que seguro que te ayuda:

AUTORES SOBRE NEGOCIOS, VENTAS, ETC.

- Sergio Fernandez (*Misión emprender*).
- Teresa Varó (*La gran guía del lenguaje no verbal*).
- Robert Kiyosaki (*Padre rico, padre pobre*).
- Cosimo Chiesa (*Vende más, vende mejor*).
- Steve Allen (*PNL*).
- Donald Trump (*El toque de midas*).

Estos son algunos de los autores que más me gustan en estas temáticas. He puesto un libro de cada uno de ellos entre paréntesis que, por supuesto, yo he leído y me ha ayudado mucho. Tienes miles más. Muchos de estos autores también tienen pódcasts gratuitos, como Sergio Fernández, en YouTube y Spotify, los cuales son maravillosos y te ayudarán en muchos ámbitos que vas a necesitar mejorar.

Tener habilidad en el ámbito de los negocios te abrirá las puertas a conseguir más clientes, a moverte con mayor facilidad con tus cantantes, a negociar precios razonables, a **producir** y a **dirigir**. Aunque dirigir sea algo puramente audiovisual, adquirir habilidad en los negocios y en la comunicación mejorarán tu ejecución como director, no te quepa la menor duda. Producir sí que es una labor más enfocada a los negocios, independientemente de que conseguir actores, localizaciones, contratos, etc., estén relacionados con el mundillo audiovisual. Los productores son, ante todo, ¡empresarios!

En las próximas secciones profundizaremos más en las labores que vas a tener que ejecutar en la preproducción, en el rodaje y en la postproducción, pero permíteme decirte por qué deberás amar cada una de estas partes dentro del maravilloso mundo de la creación de videos musicales.

¿POR QUÉ AMAR LA PREPRODUCCIÓN?

Sencillamente porque a través de esta labor vas a hacer que tu proyecto salga adelante. Entendemos por esta tarea el proceso que llevarás a cabo cuando ya tengas un cliente dispuesto a contratar tus servicios. Tendrás que dejar todo atado y en marcha para poder ejecutar el rodaje. Habrá videoclips en los que tendrás que hacer una labor más sencilla y en otros más compleja. Aquí entra en juego el presupuesto que haya disponible para hacerlo más grande o más pequeño, es decir, la cantidad que tú estés dispuesto a ofrecer y la cantidad que tu cliente pueda pagar, así que, en función de esta premisa, puede que te encuentres con:

- Diseño del videoclip.
- Desarrollo de un guion literario.
- Decidir el tono de la iluminación.
- Definir la puesta en escena y arte.
- Elección de vestuario.
- Contratación y negociación de localizaciones.
- Contratación de actores.
- Alquiler/compra de equipo de rodaje.
- Contratación o subcontratación de equipo humano para delegar funciones, siempre y cuando decidas delegar y distribuir las funciones que hemos visto unos párrafos atrás. Si no, ¡tú solito!
- Elaboración de contratos y condiciones para:
    o El propio artista.
    o Los servicios que subcontrates.
    o Y todo lo que sea necesario para que te dé seguridad y un respaldo legal.
- Guion técnico (traducción del guion literario a lenguaje audiovisual).
- Plan de rodaje (horas, fechas, localizaciones, etc.).
- Hoja de necesidades (¿qué hace falta?).
- Gestión de billetes de transporte, alojamientos, etc.

Todas ellas son un ejemplo de cosas que vas a tener que hacer. He puesto unas cuantas y seguro que me dejo otro montón. Aunque sean solo dos o tres, alguna tendrás que ejecutar. Ten por seguro que en esta etapa no estarás de brazos cruzados.

¿POR QUÉ AMAR EL RODAJE?

El gran día. El día en el que te vas a tener que lucir. El día en el que tus conocimientos audiovisuales van a salir a la luz. El día en el que tu obra pasará de ser una simple idea en papel a ser una obra troceada en decenas de clips en bruto en la tarjeta de memoria de tu cámara. Si la obra es tuya, que espero que así sea, serás, ante todo, **director**. Si diriges la obra, la autoría correspondiente a la creación audiovisual te pertenece. La película es tuya. Podrás decir: «Ese videoclip es mío, lo he hecho yo». Y punto. Pero como estás leyendo este libro, supongo que no solo dirigirás, si no que también habrá muchas otras labores que hagas:

- Director.
- Ayudante de dirección, es decir, ayudante de ti mismo.
- Operador de cámara.
- Foquista.
- *Steadycam*.
- Director de fotografía.
- *Script*.
- Director de arte y vestuario.
- *Coach* personal ☺. Te tocará motivar a más de una persona que se frustre actuando.
- Coordinador de equipos.

¿Qué te parece? ¿Te sientes descompuesto? ¿El estómago te empieza a hacer ruidos raros? Ve al baño y vuelve.

Vale. ¿Ya? Muy bien. No es para tanto. Ten en cuenta que por escrito parecen mil cosas, pero si entrenas lo suficiente y adquieres habilidad, podrás hacer todo esto sin problema.

Dominar este apartado no solo te servirá para moverte como pez en el agua en el sector, que también, sino para algo que va mucho más allá del negocio en sí. Déjame que te cuente algo:

Una de las cosas más reconfortantes es saber que el cantante y su equipo alucinen contigo y con cómo te mueves.

Solo por eso, merece la pena hacerlo. Créeme. El día que te pase seguro que te acuerdas me mí.

Despues de entregar el videoclip a Lucas (Andy y Lucas), me llamó por teléfono y estuvimos un rato hablando. Esta llamada fue una de las que más me han llenado de alegría a lo largo de estos años.

—Espectacular —dijo Lucas muy serio—. Nada más que añadir, Uli.
—¡Joder! ¡Cómo me alegro! —respondí muy contento.
—Después del concierto nos quedamos hablando con el equipo de ti. Es acojonante cómo te mueves tú solo. Es lo que más nos sorprendió a todos —comentó.

Imagina mi cara al escuchar una frase así. Lo bueno de esto no solo es que unos artistas de ese nivel reconocieran mi trabajo de una forma tan personal, si no que lo hablaran con su equipo, entre los cuales se encontraban personas como su *tour manager*⁹ (quien, además, había sido mánager de artistas muy conocidos a nivel mundial), la directora de una agencia de *management*, *booking* y producción de artistas, ayudantes, etc. Los cuales, por supuesto, estuvieron en el rodaje y tuve la gran oportunidad de conocerlos, hablar con ellos y enseñarles qué clase de *ninja*¹⁰ soy en el oficio ☺.

¿POR QUÉ AMAR LA POSTPRODUCCIÓN?

Imagina que tienes un terreno que has ido construyendo, plantando y cuidando. Con el tiempo, si lo haces bien, recoges todo aquello que ha florecido y que has tratado con un inmenso cariño. Alimentos como hortalizas, verduras, frutas, etc. Una vez los recolectas y los metes en cajas, vas a casa y decides elaborar un maravilloso plato de comida con el que deleitar a tu familia. Con el mismo cariño con el que has hecho todo lo anterior, cocinas esos alimentos y dejas a tu familia boquiabierta. Te ha quedado un resultado espectacular.

Los alimentos que están en las cajas son los videos dentro de la tarjeta de memoria, los cuales vuelcas en el ordenador (tu casa), y el maravilloso trabajo que hay detrás es producto

---

9 *Tour manager*: es el responsable de hacer que la gira de conciertos de los cantantes se desarrolle sin problemas. Se ocupan de las finanzas de la gira y de que todo esté en su lugar en el momento oportuno. Hacen variedad de labores empresariales.
10 *Ninja*: guerrero japonés que se caracterizaba por ser flexible, ágil, inteligente, estratégico y resolutivo.

de lo que has cosechado en las etapas anteriores a la postproducción. Montar un video es como cocinar. Hacer que un conjunto de ingredientes que por sí solos carecen de sentido, de forma conjunta constituyen el resultado final, el plato maestro (tu videoclip final).

Para mí, hay una cosa que llamo «**El orgasmo audiovisual**» y consiste en hacer lo siguiente: clicar en la pestaña correspondiente de tu programa de edición y seleccionar el botón *Exportar archivo maestro*. ¡Bingo! Eso es sinónimo de que has terminado el proyecto y ya tiene vida propia. Eso sí, es muy probable que antes de eso, durante el proceso, pases momentos de amor/odio. Cosas que no te encajan, te das cuenta de que una parte la rodaste mal, tienes que modificar algo de la estructura, te hubiera gustado hacerlo de otra forma, el programa se bloquea durante horas por razones informáticas desconocidas para los humanos, etc. Pero también vas a tener una constante sensación de realización al ver que todo eso a lo que estás dando vida es fruto de tu ingenio.

En todo este proceso tendrás que enfrentarte a las siguientes labores:

- **Montaje de video** o, lo que es lo mismo, dotar de sentido a la obra.
- **Sincronización de los *playbacks***, es decir, hacer que la música que grabaste en el rodaje encaje con la pista de audio que te han pasado.
- **Sonorización**, si es que has grabado sonido a parte de la música. Consiste en construir realismo sonoro.
- **Etalonaje** o corrección de color.

Habiendo llegado hasta este punto, creo que he sido lo suficientemente claro como para que decidas saltar al campo de batalla y demostrar quién eres. Así que, ¡pasemos de sección y veamos cómo ejecutar el trabajo!

SECCIÓN 2
LA PREPRODUCCIÓN

Comienza haciendo lo necesario, después lo que es posible y de repente estarás haciendo lo imposible.

SAN FRANCISCO DE ASÍS

CAPÍTULO 1

YA TENGO AL CLIENTE. AHORA, ¿QUÉ?

TE GUSTA PENSAR, ¿VERDAD?

Antes de tener al cliente dispuesto a invertir en tus servicios, deberás haber seguido los pasos previos que he comentado en la primera sección del libro. Una vez sepas y tengas firmado que vas a trabajar en un proyecto concreto, tendrás que hablar un buen rato con él. Es necesario que, para empezar a trabajar en cualquier proyecto, por fácil que sea, escuches detenidamente la canción y leas repetidas veces la letra de la misma. Muy probablemente, el artista te comentará una idea preliminar, lo que a él le sugiere el futuro video. Siendo como eres una persona creativa, antes de que él te comente lo que le transmite el tema, habrás formulado en tu mente algún tipo de imagen que también podrás compartir, cosa que te recomiendo hacer antes de estar condicionado por su idea. Si te pide opinión antes de que él te de la suya, dásela. Si se lanza antes que tú, escucha sus sugerencias, pueden ser de gran utilidad a la hora de madurar las primeras imágenes que tu maravillosa cabeza ha creado.

Este proceso de lluvia de ideas suele ser una labor conjunta. Date cuenta de que ambos os dedicáis a un sector creativo, por lo que lo lógico es que trabajéis juntos en madurar las imágenes repentinas que aparezcan en vuestra cabeza. También puede ocurrir que, directamente, te dé la idea él y tengas que encargarte de traducir su discurso contado en dos frases en un guion de 4-5 páginas. Si te toca que el cantante anda justo de tiempo, no le apetece pensar o quiere dejarse llevar al cien por cien por tu maravillosa capacidad creativa, te pedirá que formules la idea, obviamente, verificando cada cierto tiempo lo que vayas añadiendo para darle forma. Así que, antes de ponerte a escribir el guion te va a tocar... ¡pensar! Si estás acostumbrado a hacerte películas en tu vida cotidiana, gracias a escuchar canciones aleatorias porque eres así (un peliculero como yo), no te supondrá gran dificultad empezar a soltar ideas.

Cuando la idea esté definida en pocas líneas, tocará extenderla en formato de guion durante varias páginas.

ANTES DE ESCRIBIR EL GUION

Es importante que antes de ponerte a escribir el guion quede muy claro quién consigue todo. Aunque eso debería haber quedado claro a la firma del contrato. ¿Por qué digo esto? Porque lo lógico es que el precio del videoclip ya esté cerrado y si no has dejado atado esto con anterioridad puede que te lleves sorpresas. Te trabajas un guion espectacular, con un montón de actores, localizaciones, etc., y, de repente, se te queda cara de tonto cuando te das cuenta de que eres tú el que debe conseguir todo. Ojo con esto porque pasa. Deja todo bien claro antes. Lo consigas tú, él o ¡ambos!

AHORA ERES ESCRITOR DE GUIONES

Si tienes formación en la materia de guion, poco te voy a enseñar, pero lo que sí te voy a puntualizar es lo siguiente: escribe tu guion en formato cinematográfico. Aunque no lo vayas a llevar a cabo en la industria del cine, queda muy bonito y a los clientes les encanta leerlo en ese formato ☺. Si no tienes ni idea de escribir un guion y todavía menos de escribirlo en formato cinematográfico, ¡fórmate un mínimo en la materia! Si aun así te da muchísima pereza y estás pensando «joder, Uli, dime algo tú», voy a decirte algo muy sencillo sobre cómo lo hago yo, para poder orientarte y enseñarte un ejemplo de guion escrito por mí, correspondiente a un videoclip ya publicado.

Siempre escribo los guiones en Microsoft Word, el editor de texto de Microsoft. Existen programas que tienen plantillas internas específicas para seguir, perfectamente, el modelo de la industria, pero creo que no es necesario que te compliques la vida para escribir guiones de videoclips. Desarrolla tu historia y cuenta las acciones de los personajes de la forma más sencilla posible, sin meterte demasiado en los detalles. Entiende que lo que tiene que quedar muy claro es qué ocurre en cada escena en tiempo presente. Nada más. Si decides puntualizar algún detalle hazlo de forma breve. Piensa como si estuvieras escribiendo para tontos. Muchas personas creen que escribir guiones es como escribir literatura y ¡no! No tiene nada que ver ni la forma, ni el formato, ni el estilo, ni nada. Así que eso, piensa que la persona que lo lea tiene que entender casi todo. Y digo casi porque te puedes permitir poner alguna anotación técnica que te sirva a ti como orientación. Pero nada más. Para lo técnico ya está el **guion técnico**.

Con que tengas en cuenta los siguientes puntos básicos será suficiente para que escribas tu guion:

1. Utiliza la tipografía `Courier new`. Es la que se usa en la industria.
2. Enumera todas las escenas como es debido, por orden de aparición en el videoclip y respeta el número original si, más adelante, vuelve a repetirse. En ese caso, añade un **.1, .2,** etc. (**1.1, 1.2, 1.3**)
3. Menciona siempre las escenas por este orden y en negrita:
    - Número de escena (**1**).
    - Si es interior o exterior (**INT/EXT**).
    - La ubicación de la escena (ej: **PARQUE**).
    - El momento del día (ej: **NOCHE**).

Debería quedarte algo así:

```
1 EXT. PARQUE - NOCHE:
```

Y justo debajo escribe la acción a ejecutar:

```
Uli explica a sus lectores, con mucho
entusiasmo, cómo escribir un guion.
```

Fácil, ¿no? Vamos al ejemplo.

↓ *María Artés – Mis Ganas* ↓
(Videoclip)

María Artés – Mis Ganas
(Guion)

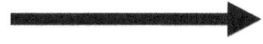

1 EXT. CASA - DÍA

MARÍA, por el jardín, anda seria hasta la cristalera del salón, apoya la mano en ella, mira hacia el interior de la casa y empieza a cantar. Desde la mirada subjetiva de María, vemos en el salón a MÓNICA llorando, rodeada de sus amigas.

2 INT. CASA/SALÓN - DÍA

Mónica llora y sus amigas la consuelan. Mientras llora, habla enfadada y hace desplantes. Sus amigas, tristes, intentan animarla.

María canta tras la cristalera, mirando hacia las chicas.

Mónica, de malas formas, abandona a sus amigas. Las chicas, la miran apenada.

3 INT. CASA/BAÑO - DÍA

Mónica, con el rimel corrido, apoyada en el lavabo, se mira al espejo mientras respira hondo. Niega lento con la cabeza, con expresión entre triste y enfadada, y agacha la cabeza. Aparece María detrás de Mónica, TRASFOCO, y canta.

4 EXT. PARQUE - DÍA (FLASHBACK)

Mónica, feliz, con las manos en la espalda, porta un osito de peluche. Se lo ofrece a JOSH, quien, avergonzado y con una falsa sonrisa, mira a sus lados. Mónica gesticula para que lo coja. Josh saca el móvil del bolsillo, gesticula a modo de excusa y se va. Mónica, con la mano elevada sujetando el osito, se queda sola en el parque y su expresión se apaga mientras baja la mano lentamente.

5 INT. CASA/COCINA-SALÓN - DÍA

LAURA, agarra a Mónica de la mano y tira de ella. Mónica, perezosa, muestra un mínimo de oposición. PILI y ANDREA, desde la cocina, gesticulan felices para que vayan. Mónica, JUSTO ANTES DEL DROP, anima su expresión y levanta la cabeza, SLOWMOTION. Pili lanza un puñado de harina a Mónica y Laura, SLOWMOTION. Entre la nube de harina, Mónica y sus amigas se muestran pletóricas, se abrazan y juegan, SLOWMOTION.

María canta muy emotiva frente a la cámara. Tras ella, DESENFOCADAS, las amigas disfrutan entre bromas y risas, PANEO SUAVE DERECHA.

Andrea tiene inmovilizada a Mónica por detrás y Laura con el bote de nata dibuja en la cara de Mónica una sonrisa. Se produce una persecución de Mónica a Laura por la cocina. Mientras corren, María canta mirándolas.

Pili y Andrea sujetan a Laura en el suelo y Mónica le hace cosquillas.

Las tres amigas, manchadas, están sentadas en el suelo apoyadas en los armarios de la cocina. Se miran y sonríen.

6 INT. CASA/HABITACIÓN DE MÓNICA - NOCHE

Mónica está sentada en su cama. Laura, de rodillas, habla con ella y le sonríe, acaricia su cara. Mónica le devuelve la sonrisa.

7 EXT. CASA - NOCHE

Josh, con las manos en los bolsillos, está mirando a la habitación de Mónica, cuya luz está encendida.

6.1 INT. CASA/HABITACIÓN DE MÓNICA - NOCHE

Mónica, tumbada en la cama, apaga la luz de la mesilla.

7.1 EXT. CASA - NOCHE

Desde la mirada subjetiva de Josh, vemos como se apaga la luz de la habitación.

8 INT. BAR - DÍA (FLASHBACK)

Mónica está sentada frente a Josh en una mesa. Ambos hablan sonrientes, muy cerca el uno del otro, y se besan. Un grupo de chicos entra en el bar y saludan a Josh. Este, rápidamente, toma distancia de Mónica y se levanta para saludar. Mónica les mira. El grupo sugiere a Josh que se vaya con ellos y este se despide forzosamente de Mónica. Mónica, con la mirada triste, se despide.

9 INT. RESTAURANTE - DÍA

Laura, sentada al lado de Mónica, la zarandea. Pili y Andrea las miran tristes. Laura, le pide que sonría forzando con sus dedos, entre bromas, su propia sonrisa. Mónica, con una sonrisa apagada, mejora su expresión. Laura decide ponerse de pie en la silla y empezar a cantar, JUSTO EN EL DROP. Pili y Andrea suben a sus sillas y cantan. Laura da la mano a Mónica, quien ríe enérgica, y sube a su silla. Las cuatro amigas cantan. Los comensales fijan su atención en las chicas.

María canta y dirige su mirada hacia Josh, quien está en la puerta/cristalera/ventana del local mirando lo que ocurre. Detrás de María, DESENFOCADAS, las chicas siguen con su show. TRAS MARÍA, un camarero se acerca a las chicas. SIN MARÍA, el camarero, trata de frenar la situación.

Mónica corre por el restaurante riéndose, un camarero la persigue. María canta mientras mira cómo los camareros se llevan a las chicas. Laura agarrada por la espalda por un camarero, sigue cantando mientras andan. Mónica agarrada por un camarero se ríe mientras andan.

10 EXT. RESTAURANTE - DÍA

Las cuatro chicas, Mónica en medio, salen por la puerta siendo empujadas por un camarero que cierra la puerta. Todas se ríen, se miran y se abrazan.

11 EXT. CASA/TERRAZA/PRIMER PISO - DÍA

Mónica, rodeada de sus amigas, voltea una caja de cartón llena de cartas en las que vemos frases escritas del tipo "Perdóname", "No supe valorarte"... que caen desde la terraza.

María canta debajo de la terraza mientras las cartas caen al suelo.

12 EXT. CASA/JARDÍN/COLUMPIO - ATARDECER:

Mónica, sola, se balancea en el columpio y sonríe.

13 EXT. CALLE - DÍA (FLASHBACK)

Mónica mira apenada hacia Josh, quien está rodeado de un grupo de amigos mientras conversan. Josh, sin parar de hablar, mira a Mónica, pero sin ninguna alteración facial, sigue conversando.

14 INT. BAÑO - DÍA (FLASHBACK)

María canta a cámara. Un TRAVELING OUT, muestra a Mónica y chico discutiendo fuertemente, DESENFOCADOS, ATENCIÓN A MARÍA. Chico se va.
                    TRAVELLING
Mónica, sentada en el suelo, llora desconsoladamente.

15 EXT. JARDÍN/CASA - NOCHE

Las cuatro amigas, frente a una hogera, cantan abrazadas, bailan y rien.

Josh, apoyado en un árbol, triste, observa la situación. María aparece detrás de él, le mira, TRASFOCO, y le canta.

Mónica se levanta y, a través de gestos, pide a las chicas que la esperen.

En la puerta de la casa, al sacar las llaves del bolsillo, se le cae una foto en la que sale con Josh.

16 INT. CASA/COCINA - NOCHE

Mónica, sonriente, abre el frigorífico y saca una caja de cervezas.

15.1 EXT. JARDÍN/CASA - NOCHE

Al salir por la puerta de la casa, Josh, apenado y triste, sostiene la foto de ambos en gesto de dársela. Mónica, desencajada, deja caer las cervezas al suelo y recuerda cómo ella sostenía el osito y Josh se marchaba. Mónica deja de mirar a Josh y mira a la hogera, TRASFOCO. Mónica avanza decidida y empuja a Josh con el cuerpo.

Mónica, feliz, llega a la hogera y abraza a sus amigas.

Escrito por: Uli Moreno Montana

CAPÍTULO 2

TE HA TOCADO CONSEGUIR TODO. ¡BIEN!

LOCALIZACIONES: PROCESO NEGOCIADOR

En realidad, es fantástico si te toca conseguirlo todo, pues así podrás elegir lo que te dé la gana y lo que tú creas que va a quedar mejor en tu videoclip. Antes de seguir, quiero recalcar que si tienes que conseguir todo, tienes que trabajar más. Lo que se traduce en un presupuesto más elevado. ¡Sigamos!

Sea lo que sea que necesites localizar tienes que tener en cuenta diferentes cuestiones:

1º ¿Es un lugar público? ¿Accesible a cualquier persona? Por ejemplo, la calle. Algo tan sencillo como eso. Teóricamente no puedes grabar sin los permisos necesarios en lugares públicos. Si lo haces sin pedir los permisos necearios te expones a que, en el futuro, alguna institución te pida la autorización pertinente para corroborar que tienes los permisos de rodaje. Incluso la policía si te ve rodando. Si no los tienes, prepárate para bajarte el pantalón. Siempre que puedas trabaja cubierto.

Voy a decirte algo. A menos que quieras grabar en medio de la Gran Vía de Madrid y que estimes que tu videoclip vaya a tener millones de visualizaciones, no será necesario meterte en burocracia lenta y pesada. ¡Ojo! No te estoy alentando a ser ilegal ni mucho menos. Sé siempre responsable. Pero existen lugares maravillosos, poco transitados e irreconocibles que podrás utilizar para grabar. Me apuesto lo que quieras a que no te investigará ninguna institución si no sabe dónde está grabado. Pero te vuelvo a repetir: sé responsable y no te arriesgues. Ten en cuenta que cuanto más conocido sea el artista, más cuidado tienes que tener. La responsabilidad es muy probable que recaiga sobre la persona o empresa que ha hecho el video, es decir, TÚ.

Te cuento un ejemplo breve, de un antiguo video, que por no avisar a las autoridades pertinentes casi nos metemos en un problema gordo. Escribí una escena en la que sucedía un atraco en una farmacia, en el centro de una ciudad. El comercio estaba cerrado y aprovechamos para grabar esa escena. No dimos parte a la policía, pensando que no era necesario porque estábamos grabando en una entidad privada. ¿Qué ocurrió? En menos de media hora teníamos en la calle tres furgones de la nacional y más de diez agentes con escopetas, pistolas y subfusiles detrás de los contenedores de la calle, pidiendo que saliéramos, en la calle más transitada de la localidad donde estábamos grabando. Imagínate el cuadro. Decenas de personas mirando qué demonios estaba pasando. Salí a dar la cara y, por supuesto, con las pistolas de juguete y un fuet (sí, has leído bien) que simulaba una pistola extra que no teníamos. Espectacular. La policía nos echó una buena bronca, pero gracias a que les caímos bien y nos disculpamos, evitamos una multa gorda.

El susto no fue pequeño, pero te reconozco que la historia que tuvimos para contar después alivió con creces la descomposición momentánea que nos generó ese altercado.

2º ¿Es un lugar que pertenece al gobierno y no está accesible a cualquier persona? Por ejemplo, pueblos deshabitados que pertenecen a una población mayor, edificios en desuso, espacios abiertos con la entrada prohibida al público, etc. En definitiva, lugares que se suelen utilizar para nada, para visitas guiadas o para grabar películas. Si quieres grabar en un lugar así, los propios lugares (que tendrán un nombre), suelen tener una página web de contacto a través de la cual puedes preguntar. Si no la tiene, puedes llamar a la entidad pública o gobierno en cuestión (ayuntamiento, por ejemplo) que creas que tiene la información suficiente para solventar tus dudas. Normalmente, te harán pagar por ir a grabar durante equis horas y se te reservará la fecha. Si recuerdas el ejemplo de *Virgencita*, del que hablo en la Sección 1 del libro, este tipo de procesos suelen ser bastante lentos. Pueden tardar días o incluso semanas en confirmarte que puedes utilizarlo. Y si a eso le sumamos que te va a tocar trabajar rápido en muchos casos, olvídate de poder conseguir cosas de Papá Estado. Aunque si quieres probar, adelante. No todo funciona igual, por lo menos aquí en España. Igual tienes suerte e incluso lo haces gratis.

3º ¿Es un lugar que pertenece a una persona o empresa privada? Fantástico. Solo tienes que llamar a la persona o empresa en cuestión y contarle lo que quieres hacer. Te recomiendo que pongas por las nubes el maravilloso sitio que tienen, lo bien que te ha entrado por los ojos y lo preciosa que puede quedar tu superpelícula en ese lugar. De hecho, es el mejor lugar del mundo, no hay otro igual ☺. Antes de eso, preséntate formalmente, acredítate como es debido y explica quién es el artista para el que vas a hacer el videoclip. Cuanto más famoso sea, más fácil será. Si los artistas son poco conocidos, prepara un discurso maravilloso. Si son muy conocidos, también. Te recomiendo no mentir. Se pilla antes a un mentiroso que a un cojo. Si el cantante es famoso, dílo. Si no lo es, no hace falta que lo digas, pero no mientas y digas que sí lo es. Omitir información no es mentir. Una vez los oídos de la persona con la que has hablado se han abierto de par en par, te recomiendo que hagas las siguientes propuestas:

- **Alquilar el lugar:** preguntar por el precio del lugar es una pregunta lógica y de sentido común. Ten en cuenta que si te lo ceden a cambio de nada no tiene sentido. ¿Tú lo harías? Pues eso. Que te cuenten lo que vale y decides. Eso sí, si pagas, no aparecen en créditos. Por algo has pagado. La publicidad porque sí no existe. Ellos no son ni autores, ni colaboradores, ni nada por el estilo. Es aquí donde entra en juego la siguiente propuesta, que puede que te llame más la atención.

o **Cesión del lugar como colaboración:** esta opción será más efectiva si el cantante es famoso y tu videoclip tendrá una repercusión importante. Es decir, varios cientos de miles de visualizaciones o incluso millones. Si no, dudo mucho que acepten esta propuesta. Esta colaboración consiste en que te dejen el lugar a cambio de acreditación de la empresa o de la persona en el videoclip, que los actores utilicen *merchandising*, que aparezca la marca en algún lugar del video, etc. Esta alternativa es muy interesante si lo que ofreces a cambio es visualización y reconocimiento. Es lógico, te lo ceden a cambio de algo, probablemente, más interesante que el dinero. Si te fijas en mis videoclips puedes comprobar cómo hemos trabajado. Si con alquiler o con colaboración. Con que veas los créditos y te fijes en la parte de los agradecimientos, si es que los hay, verás rápidamente cómo conseguimos los diferentes lugares. Puedes ver una parte de los que tengo publicados a través de mi página web:

www.ulimorenomontana.com/videoclips/

Una vez hayas conseguido la deseada localización, hayas fijado las fechas y te encuentres saltando de la emoción, siéntate frente al ordenador y envíales un contrato para que quede todo por escrito y formalizado. Siempre va a quedar mucho más serio que envíes un contrato/acuerdo, aunque luego te la jueguen. Si eso ocurriera es improbable que quieras meterte en juicios (no te recomiendo semejante dolor de cabeza, ten un plan B). Puedes enviar algo como lo que te voy a enseñar a continuación, así que espero que te sea de utilidad ☺:

CONTRATO DE LOCALIZACIONES:

IDENTIDAD Y CESIÓN DE DERECHOS:

El propietario permite a *TU NOMBRE O EL DE TU MARCA* el acceso y el uso de la propiedad *NOMBRE DEL LUGAR DONDE VAS A GRABAR,* situada en *LA CALLE DONDE ESTÁ EL LUGAR,* el *DÍA, MES Y AÑO,* de *HORA* a *HORA,* para la filmación del videoclip EL TÍTULO de *EL NOMBRE DEL CANTANTE.* El propietario permite también la entrada a todo el personal del equipo técnico y de interpretación para la correcta ejecución de la obra.

El propietario cede en exclusiva los derechos de reproducción, distribución, comunicación pública y transformación de las imágenes del interior de la propiedad y de su contenido.

En reconocimiento por la cesión de la propiedad para la consecución del proyecto, el nombre del establecimiento se verá reflejado en el interior del video, en forma de *atrezzo* (sin realizar publicidad invasiva) y en el apartado *Agradecimientos,* dentro de los créditos de la obra.

FIRMA DEL PROPIETARIO   **FIRMA DEL DIRECTOR**

LOS ACTORES

Al igual que con las localizaciones, cabe la posibilidad de que tu historia requiera de personal de interpretación. Me da igual que sean actores, modelos, bailarines, figurantes, etc. Lo que sea. Ahora bien, ¿qué actores necesitas?

1º Con **el cantante o los cantantes** te es suficiente. Si es una historia entre ellos, ¡fantástico!, no necesitas buscar a nadie, ni hacer un *casting*, ni nada por el estilo. Ya está. Labor hecha.

2º Necesitas **actores**. Estupendo, al lío. Si no tienes contactos en el mundillo de la interpretación te recomiendo que, en primer lugar, preguntes a algún amigo o contacto si conoce a alguien. Si tampoco tienes amigos que puedan echarte una mano, puedes hacer lo siguiente:

- **Busca en redes sociales**: las redes sociales son una maravilla para encontrar lo que necesitas, no solo sirven para publicar lo a gusto que estás en la playa.

- **Contacta con agencias de representación de actores**: por lo general, este tipo de entidades suelen llevar a actores relativamente conocidos que no serán baratos. Cobran ellos y cobran los actores, lógicamente. Si el presupuesto que hay para tu videoclip no es lo suficientemente alto, esta opción la descartaría. Si hay dinero y ambición, cuanto más profesionales mejor.

- **Escuelas de teatro e interpretación**: estos lugares son un sitio fantástico para encontrar un amplio abanico de actores a precios muy asequibles e incluso gratis, pues las personas que están allí dentro suelen ser actores en formación, por lo que les interesa mucho tener un porfolio, como a ti cuando empezaste a currar gratis ☺. Eso sí, también te expones a que la calidad de la interpretación sea menor que la que ofrecen las agencias de representación, aunque me gustaría recalcarte que vas a hacer un videoclip, no una película, de modo que la complejidad de interpretación que vas a exigirles supongo que será infinitamente menor que si la comparamos con la de un largometraje.

- **Modelos o agencias de modelos**: no quiero parecer superficial, pero es probable que a veces necesites personas que, aunque no actúen bien, tengan una presencia fantástica delante de la cámara. En este caso, los modelos serán tu mejor aliado.

- **Amigos, familiares, conocidos**: ¡yeah! Puede que estés haciendo un videoclip de tan bajo presupuesto que no haya dinero para pagar los servicios de un profesional o semiprofesional. En este caso siento decirte que tendrás que acudir a personas que estén dispuestas a pasar una experiencia inolvidable contigo, con el cantante y con creerse una superestrella durante unas horas. A veces no es lo más eficaz, pero suele ser funcional, incluso maravilloso si diriges bien. Si eres un director con paciencia, lo pasarás bien. Si no, terminarás yéndote del rodaje (¡ni se te ocurra!). Te recomiendo que si vas a trabajar con familiares o con amigos te asegures de que van a comportarse como profesionales durante el rodaje, pues tiene que quedar claro que se va a trabajar, no a pasar un buen rato rodeado de famosos. También te digo que si no hay presupuesto suficiente como para pagar un actor semiprofesional igual debería ser el propio cantante el que se encargue de esta labor. Tú verás lo que haces ☺.

3º Necesitas **bailarines**: aquí puedo decirte exactamente lo mismo que lo que te he contado con los actores. Acude a redes sociales, escuelas de baile, etc. Tienes cientos de posibilidades.

4º Necesitas **extras**: esto suele ser lo más fácil y económico. Si no quieres gastar dinero y acudir de nuevo a agencias, te recomiendo que el cantante, tú o los dos, pongáis un *post* en redes sociales anunciando qué es lo que vais a hacer. Verás cómo, rápidamente, si el cantante o tú sois relativamente conocidos, empiezan a llegaros mensajes de usuarios que quieren participar en una experiencia así. Si no, familia, amigos o conocidos. Siempre hay gente dispuesta a divertirse un rato con oficios tan poco cotidianos como el nuestro.

Sea lo que sea lo que necesites para interpretar tu historia, te recomiendo que hagas un *casting*. Quizá en persona te quite mucho tiempo si vas con prisa, pero hoy en día a través de internet puedes ver de todo. Los candidatos pueden enviarte otros videos en los que hayan participado, por ejemplo, o, si eres más ambicioso, puedes enviarles por *email* una pequeña escena y que la interpreten para ti y te la envíen en video (yo lo he hecho y es una maravilla porque ahí te darás cuenta del interés y la involucración del actor en el proyecto). Opciones tienes miles, y seguro que muchas más que las que yo te he dado. Simplemente tienes que... ¡pensar!

Al igual que con las localizaciones, establece un contrato con aquellos que vayan a participar, especialmente, por los derechos de imagen. Si son menores de edad esto es **obligatorio**. A continuación, te enseño un contrato tipo de derechos de imagen para menores de edad, el cual puedes modificar y utilizar para cualquiera, sea o no mayor de edad:

Autorización para la grabación de menores en videoclip

El Sr./Sra_____, con DNI o pasaporte nº_____, padre/madre o tutor/tutora del menor_____, da su consentimiento a TU NOMBRE O EL DE TU MARCA, para el uso y la reproducción de las secuencias filmadas en vídeo donde aparece el menor participante.
El uso de la imagen del participante será para el videoclip EL TÍTULO de EL NOMBRE DEL CANTANTE.

Las secuencias filmadas pueden usarse para los siguientes fines:
• La reproducción del videoclip completo.
• La reproducción de fragmentos del videoclip a modo de publicidad para el mismo.
• La reproducción de fragmentos del videoclip a modo de publicidad en un conjunto de obras del autor/autores (por ejemplo, *reel*).

No existe ningún límite de tiempo en cuanto a la vigencia de esta autorización.

El rodaje está previsto para el próximo DÍA, MES Y AÑO, a partir de LA HORA en LA DIRECCIÓN DEL RODAJE.

Puede contactar con TU NOMBRE O EL DE TU MARCA a través del teléfono TU NÚMERO DE CONTACTO.

Nombre del padre/madre o tutor/tutora legal

_____

Nombre del menor

_____

Firma del padre/madre de familia o del tutor legal:

Dirección:
Teléfono:

En_____, el_____de_____de 20

CAPÍTULO 3

YA QUEDA MENOS PARA RODAR

¿Qué nos queda para ir a rodar? En realidad, unas cuantas cosas. La principal será definir qué planos vamos a grabar y cómo. Para ello tendremos que elaborar el **guion técnico.**

GUION TÉCNICO

Es el documento que recoje toda la información del guion literario, pero en lenguaje audiovisual. Es decir, es como si pasáramos de castellano a chino. Para llevar a cabo este proceso deberemos tener ciertos conocimientos que nos permitan ejecutar esta traducción, sobre todo, para que nosotros mismos entendamos qué es exactamente lo que queremos hacer en cada escena. Muy probablemente, nadie, más que nosotros, entienda este documento a no ser que estés trabjando con alguien más del sector audiovisual.

¿Qué parámetros sigo para escribir este documento? Siempre, siempre, siempre, imagino la escena en mi cabeza y cómo sería perfecta para mí. Una vez la tengo muy bien diseñada mentalmente me hago las siguientes preguntas:

- **¿Qué tipo de plano visualizo?** ¿Es un plano medio? ¿Un primer plano? ¿Uno americano? ¿Uno general? Sea cual sea el tipo de plano que imagino, lo escribo.
- **¿Qué óptica imagino que voy a utilizar?** O, **para esto que imagino, ¿cuál será la mejor?** Quizá un 24mm, un 50mm, un 35mm. En esta parte me gusta pensar qué es lo que pretendo transmitir con la óptica que voy a utilizar. ¿Paz? ¿Serenidad? ¿Agobio? ¿Belleza? Y en función de lo que me voy respondiendo elijo un objetivo u otro y lo anoto.
- **El plano ¿tiene movimiento? ¿Es estático?** Lo más importante es qué pienso hacer con la cámara. Por ejemplo, si pretendo hacer un travelling lo apunto. Si voy a hacer un paneo, lo apunto. Y así sucesivamente.
- **¿Qué ocurre dentro del plano?** Es decir, la acción que se desarrolla en esa toma. Si en esa toma que estoy apuntando hay una persona leyendo mi libro ☺ apunto lo que está haciendo de forma muy breve, a modo de descripción.

Es imprescindible hacer este documento para que, llegado el día de rodaje, podamos hacer exactamente lo que tenemos en mente. Habrá rodajes en los que te atrevas a ir sin nada porque sean muy sencillos y habrá otros en los que tengas incluso que estudiarlo para no dudar ni un segundo sobre qué y cómo tienes que hacerlo. Pero mi consejo es que, siempre que puedas, más o menos formal, lleves un documento con todas estas anotaciones. Yo lo suelo añadir al plan de rodaje, pero eso lo veremos más adelante.

Teniendo en cuenta cómo lo hago, si tengo escrito en mi guion técnico: **PM en movimiento, Andy y Lucas cantan frente a cámara, 24mm**, tendré que grabar un plano como el que muestro a continuación.

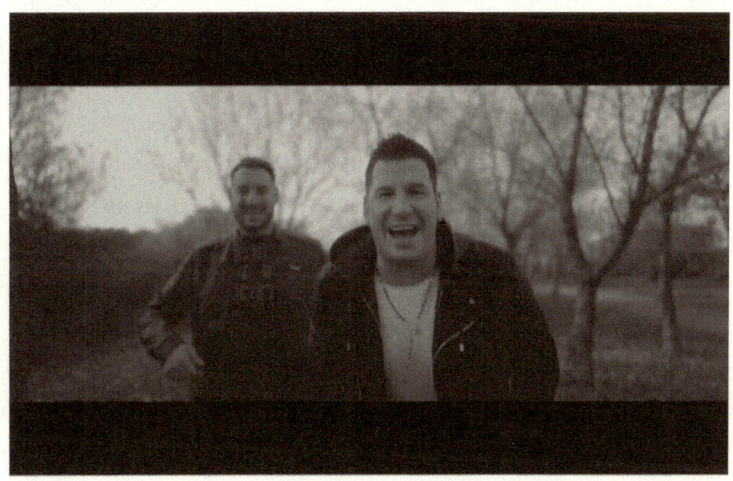

Si tengo: **PM contrapicado tercio izquierdo, Galván Real mira al frente serio, 50mm**, tendré que grabar esto.

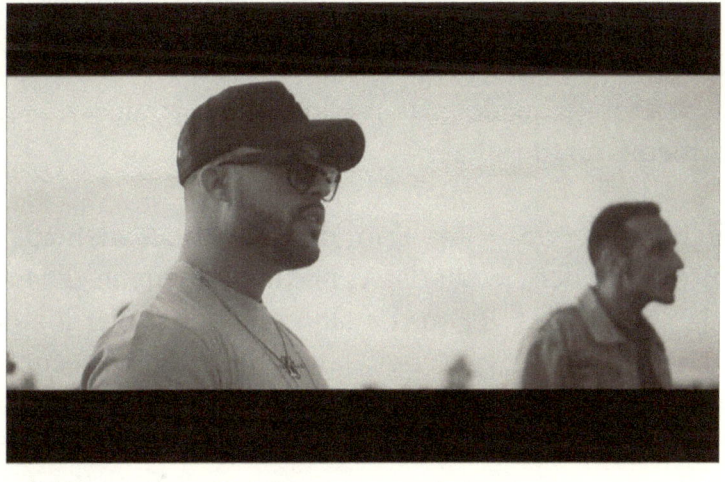

HAZ CINE

Dentro de toda esta creación audiovisual, hay una cantidad muy elevada de clientes que, al igual que a mucha gente, les encanta el cine. El mundo del cine es un sector que se caracteriza por no ser fácil ni accesible, pero eso no quiere decir que en muchas de sus vertientes tú no lo puedas hacer.

Cada año que pasa, cualquier usuario empieza a tener más y más cultura audiovisual. Date cuenta que en muy poco tiempo hemos pasado de consumir series de televisión locales a consumir superproducciones multimillonarias que ofrecen una calidad espectacular, como en el cine y, en muchos casos, mejores. ¿Qué te quiero decir con esto? Que tu cliente, aunque no conozca aspectos técnicos de nuestro sector, empieza a diferenciar un producto bueno de uno mediocre. Si tienes conocimientos en las artes de la cinematografía y un buen ojo, habrás ganado muchos puntos, pues podrás empezar a asemejar tus productos al maravilloso sector del cine. Ofrecer a tus clientes películas y que ellos a su vez puedan brindarle a su público contenido de calidad cinematográfica, te hará crecer como la espuma y que todos aquellos con los que trabajes valoren enormemente tu trabajo.

Para ofrecerles este tipo de creaciones deberás estar seguro de poder ejecutarlas y, perdona que te lo diga así, no es algo que debas ver tú. Es algo que deben ver los demás. Mi consejo es que pruebes, antes de nada, a ejecutar algo cinematográfico (a continuación, te daré unos *tips*) y ver cómo reacciona la gente que lo ve. Si no recibes *feedback* que corrobore que lo que han visto es **una jodida película**, sigue probando. Cuando el *feedback* que recibas sea el oportuno, ¡bingo!, acabas de entrar en el jaleo ☺.

Voy a darte una serie de *tips* muy sencillos que pueden hacer de un video estándar un video con un aspecto más cinematográfico. Para ello, aparte de explicártelo por escrito, te voy a enseñar fotogramas de proyectos míos publicados. ¡Vamos allá!

TIPS PARA HACER CINE EN TU VIDEOCLIP

1º Construye historias. ¿Qué es el cine más que un conjunto de historias? Ofrece la posibilidad de escribir la historia que sea, que acompañe a la canción de tu artista y que de alguna forma tenga la capacidad de generar una emoción en el espectador. Buscar las emociones de las personas es algo muy común en el cine, si no, piensa en las películas que ves. Si alguna de ellas no ha despertado en ti absolutamente nada, es muy probable que hayas terminado insatisfecho. Dedica el tiempo suficiente a escribir una historia con un mínimo de emoción, y con emoción me refiero a todo aquello capaz de causar empatía, ternura, risa, miedo, odio, felicidad, etc. Piensa en ti mientras escribes. ¿Te está emocionando de alguna forma la historia que estás construyendo? Si no lo está haciendo, cambia el registro. Yo siempre intento emocionarme mientras la imagino. Tengo la necesidad de estar escuchando la canción y sentir la historia muy viva dentro de mí. Cuando lo consigo, escribo.

2º Compón la imagen como los cineastas. Es fundamental que tengas una serie de cineastas favoritos y los utilices como referentes. Intenta poner el ojo en cómo y por qué componen el cuadro como lo componen. Componer como un auténtico cineasta marcará la diferencia sin ninguna duda. Para ello, durante las historias, yo tengo una serie de planos que nunca fallan:

- o **Utiliza el plano/contraplano** durante las conversaciones entre tus personajes y, a ser posible, utilizando ópticas de 35mm en adelante. Si utilizas un angular excesivamente amplio tu plano perderá cinematografía. Asegurate de respetar el eje, es decir, respeta las miradas de los personajes. Si personaje A mira hacia la derecha, el personaje B deberá mirar hacia la izquierda. Mira el ejemplo.

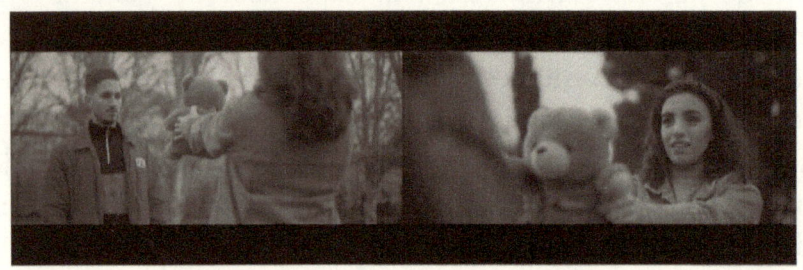

- o **Intenta iluminar a los personajes con un esquema básico de cine.** Utiliza una luz principal que ilumine al personaje, una luz de contra que le separe del fondo y otra de relleno. Este tipo de iluminación yo la suelo utilizar mucho en interiores. En exteriores me sirve con rellenarles el rostro o, directamente, no utilizo nada y aprovecho la luz natural, buscando la zona en la que pueda sacar el máximo rendimiento al plano. Fíjate en el ejemplo, luz principal para la cantante, luz de contra a su pelo y luz de relleno en los cuadros del fondo.

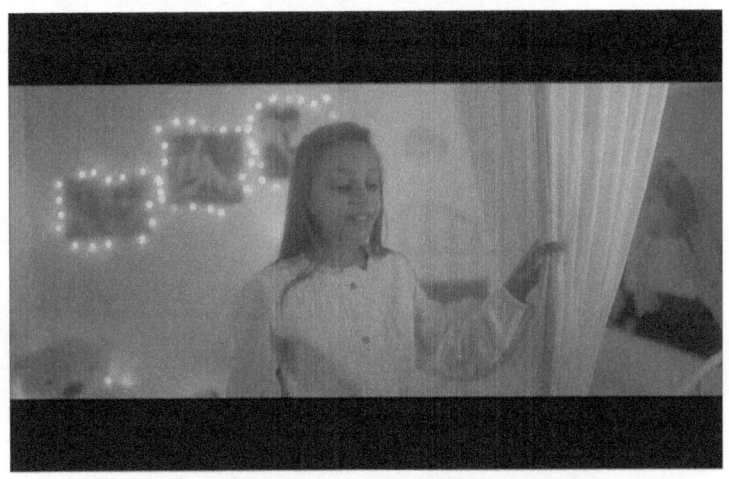

o **Utiliza la máxima apertura de diafragma** que te permita tu lente. A mí me gusta trabajar todo a una apertura de F/1.4, es una pasada, pero hasta F/2.8 puedes seguir generando buenos resultados. Ten en cuenta que cuanto más abierto tengas el diafragma (F/1.4 en mi caso), más desenfoque tendrás detrás del sujeto al que estás grabando y más luminosidad en tu plano. Claro que los objetivos que más apertura permiten son más caros. Todo no puede ser.

o **Si no tienes lentes F/1.4, utiliza teleobjetivos.** Si tu economía todavía no te permite adquirir lentes que permitan una apertura de diafragma de F/1.4 o menos número, te recomiendo que utilices teleobjetivos de hasta F/2.8. Cuanto menos angular sea tu objetivo, más desenfoque puedes tener detrás del sujeto. Te enseño un par de ejemplos a continuación para que puedas hacerte una idea de la magia de la que te estoy hablando. Uno con una óptica media y otro con un angular, para que puedas comparar encuadres y número F.

50mm F/1.8, plano medio:

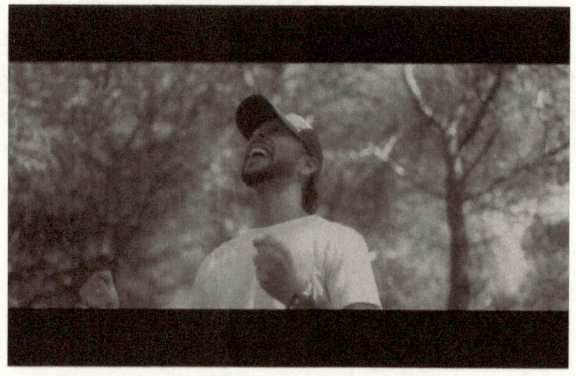

24mm F/1.4, plano medio:

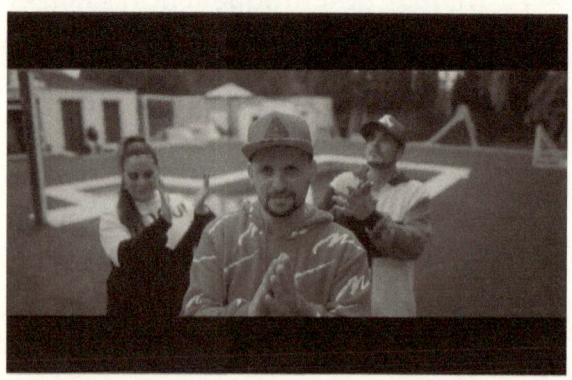

3º Si tu cámara tiene estabilizador óptico, graba cámara en mano y simula movimiento. Si no tiene estabilizador óptico, ni se te ocurra. Graba siempre con estabilizador. Este punto no es del todo fácil, pero si te animas y haces pruebas antes de rodar, puedes obtener unos resultados fantásticos. Por otro lado, tienes **complementos de pago** encargados de simular el movimiento de una cámara y puedes modificar los parámetros a tu gusto. Te animo a que, si no tienes ninguno, busques en internet.

4º Puedes utilizar un *aspect ratio* de 1.85:1 en adelante. El *aspect ratio* es, para que me entiendas fácil, cuánto de panorámica es la imagen que el espectador va a ver en pantalla. 16:9 es el formato estándar de televisión (pantalla completa). El 4:3 el formato antiguo de televisión (cuadrado). En cine se suele utilizar de 1.85:1 en adelante. Si te fijas en los ejemplos que te he puesto antes, son 1.85:1. Mira en las franjas negras ☺, 16:9 sería a pantalla completa. Esta es más panorámica, como en el cine. Este formato lo aplicarás en postproducción, a no ser que tengas en tu poder una cámara de cine con la que puedas elegir el aspecto desde su menú de opciones. Mientras tanto, en tu cámara puedes poner unas franjas de referencia, para que puedas componer el plano de la mejor forma posible, y así luego, en postproducción, con que establezcas el formato correspondiente te será suficiente.

5º Graba en formato logarítmico o LOG (si tienes la opción de hacerlo en RAW, mejor aún). Si eres atrevido y tienes experiencia previa con este tipo de formato, graba siempre así. Si no, te recomiendo que hagas muchas pruebas antes, pues es relativamente complejo acostumbrarte a él.

Una vez que te acostumbras, fenomenal. Será tan fácil como grabar en Rec 709. Este formato se caracteriza por ofrecer una imagen más plana, es decir, con muy poco color y contraste. Se encarga de maximizar la información que puede ser almacenada en tu video para que puedas trabajar la postproducción de color como un gran profesional.

6º Etalona o corrige el color como un colorista. Aunque más adelante comentaremos alguna cuestión sobre corrección de color, te recomiendo que domines esta materia, pues un color mediocre en tu video, por muy bueno que sea, tirará a la basura todo el trabajo hecho previamente. Corregir el color en videos de formato estándar o con un espacio de color Rec 709 no tiene mucho misterio, la idea es que domines la corrección en LOG o en RAW. Si no tienes formación previa, o si la tienes, quieres ampliarla, te recomiendo acceder a mi página web y echar un vistazo al curso que tengo publicado de corrección de color cinematográfica para videos con formato LOG.

PLAN DE RODAJE

Es el documento que deberá recoger toda la información necesaria para el día de grabación. Anotaremos:

- La fecha de rodaje.
- La escena que vamos a rodar.
- La localización de la escena.
- La hora de rodaje.
- Los planos que vamos a grabar (guion técnico).
- Qué personas aparecen en la escena.
- Qué necesidades tenemos para esa escena.

El plan de rodaje no es un documento estrictamente cerrado, puedes hacerlo a tu gusto para que te sea más fácil de comprender. Su función más importante es hacerte una persona más organizada. Aunque pueda parecerte un poco aburrido elaborarlo, te aseguro que no debería costarte mucho tiempo. Ten en cuenta que solo tienes que pasar a un documento general lo que ya has ido anotando previamente, para tenerlo todo mucho más accesible que en varios distintos. Cuando lo hagas te recomiendo que se lo envíes a los cantantes. Aunque muchas veces no hagan ni caso a lo que pone ahí, es importante que vean que eres una persona organizada. También les ayudará a saber qué ropa tienen que ponerse en cada escena, qué les toca grabar en cada hora, a qué localización tienen que ir primero, etc. Insiste en que se lo lean.

A continuación, te enseño 3 de las 8 páginas del plan de rodaje de *Mis ganas,* por seguir un poco con el guion que ya te he enseñado antes y que puedas ver su aspecto técnico:

DÍA 1 – 18 DE DICIEMBRE

	Localización	Hora	Planos	Personas	Necesidades
Escena 12 (columpio)	Casa	17:00 – 17:45	• PP (un poco lateral), Mónica sentada y sonríe. **50mm.**	Mónica (ropa 4)	Columpio
Escena 6 (habitación)	Casa	18:30 – 19:30	• PP Contrapicado, Mónica tranquila. **35mm.** • PP, Laura acaricia. **35mm.** • PG Lateral Zoom out, Laura y Mónica (acción). **35mm.** • PP, 2 caras (sentimiento). **35mm.** • PM Cenital Zoom Out, Mónica tumbada. **35mm.**	Mónica (pijama) Laura (pijama) Josh (ropa 2)	Mesilla + luz

Escena 7 (Josh)			• POV, Josh a la ventana. **85mm.**
			   ◦ **PP, pies andando. 35mm.**
			   ◦ **PP, cara (apaga luz). 85mm.**
			• PG ZOOM IN, de la ventana a Josh (apaga luz). **85mm.**		

Escena 14 (baño)			• P. Cenital, Mónica en la bañera encogida. 35mm (máximo).		

DÍA 2 – 19 DE DICIEMBRE

	Localización	Hora	Planos	Personas	Necesidades
Escena 4 (parque)	Parque	10:00 – 11:00	• PM CONTRAPLANO, Mónica (todo), LEVE MOV LATERAL. **50mm**. • PM CONTRAPLANO, Josh (todo), LEVE MOV LATERAL. **50mm**. • PD osito + manos (todo). **50mm**. • PG LATERAL ZOOM OUT, todo. **35mm**.	Mónica (ropa 2) Josh (ropa 1)	Osito de peluche
Escena 8 (bar)	Tommy Mel's	12:00 – 13:30	• PM, Josh (todo). **35mm**. **(Watchmen)**. • PM, Mónica (todo). **35mm**. • PG, Josh y Mónica (todo + amigos entran en cuadro). **35mm**. • POV Mónica, llegada chicos. **35mm**. • Voyeur desde Mónica a grupo, acción. **35mm**. • Voyeur desde grupo a Mónica. **50mm**. • PP, Mónica triste (igual que el primer plano restaurante). **50mm**.	Mónica (ropa 3) Josh (ropa 3) Samu Mike Claudia	Batidos
Escena 13 (callejón)	Callejón CMU	14:00 – 15:00	• P. voyeur zoom in, de Mónica a Josh y amigos (atención a Josh). **85mm**. • PM zoom in, hacia Mónica mirando. **50mm**.	Mónica (ropa 5) Josh (ropa 5) Samu Mike Claudia	

DÍA 3 – 20 DE DICIEMBRE

	Localización	Hora	Planos	Personas	Necesidades
Escena 1 (cristalera)	Casa	9:00 – 13:00	• **TRAS CRISTAL** (chicas sentadas suelo, Mónica manos en cara), **TRASFOCO A CRISTAL**, María Artés canta. **85mm o 50m.**	María (ropa 1) Mónica (ropa 1) Laura (ropa 1) Pili (ropa 1) Andrea (ropa 1)	

Escena 2 (salón)			• PM Mónica (lloros) **ZOOM OUT**, Laura y Pili entran en cuadro. **35mm.**
			  ○ **P. MAESTRO, 35mm.**
			  ○ **PM,** Laura (consolar), **35mm.**
			  ○ **PM,** Pili (consolar), **35mm.**
			  ○ **PM,** Andrea (consolar), **35mm.**
			  ○ **PP,** Mónica (lloros y enfado). **35mm.**
			• **P.VOYEUR** de chicas a María (cantando). **50mm.**
			  ○ **PM** María cantando. **50mm.**
			• **PP,** Mónica (discusión, se va). **50mm.**
			• **PP,** Chicas (pena), **50mm.**
			• **PM SEGIMIENTO,** Mónica (discusión, se va). **35mm.**
			• **PLANO MASTER 1 (salón/cocina)**
			• **PLANO MASTER 2 (jardín)**		

Escena 3 (baño)			• **PM** diagonal al espejo, Mónica foco + María **TRASFOCO. 35mm.**	María (ropa 1) Mónica (ropa 1)	Rimel
Escena 5 (cocina)			• **PA SEGUIMIENTO,** (Mónica + Lau bajando escaleras). **35mm.** • **PM,** (Pili y Andrea cocina "ven"). **35mm.**	María (ropa 1) Mónica (ropa 1) Laura (ropa 1) Pili (ropa 1) Andrea (ropa 1)	Harina Nata Bol + batir + attrezzo cocina

CAPÍTULO 4

¡OYE! ¿QUÉ EQUIPO LLEVO AL RODAJE?

Bueno, aunque en cierta manera resulte obvio esto que te voy a contar, seguro que no te viene mal tenerlo todavía más claro. Todos los elementos que voy a enumerarte son necesarios para que puedas ejecutar tu rodaje profesional. No voy a mencionarte nada que yo no lleve conmigo el gran día, pero la calidad de tu equipo variará en función del presupuesto que te quieras/puedas gastar. Como en todo, puedes invertir muy poco dinero o puedes invertir cantidades estratosféricas. Para eso, internet será tu mejor amigo.

LA CÁMARA + KIT DE BATERÍAS

¿APSC? ¿Full Frame? O, ¿cuál? Los puristas te dirán que te compres una cámara Full Frame, pues es con lo que se trabaja en la industria profesional. A esta afirmación responde lo siguiente: OK, CHAO. No importa qué tipo de cámara lleves, lo que importa es, como ya hemos comentado, qué eres capaz de hacer con ella. Evidentemente las Full Frame son mejores, pero eso no quiere decir que con una APSC no puedas conseguir mejores resultados que una gran mayoría de profesionales que llevan Full Frame. Casi todas las marcas tienen modelos más económicos APSC y modelos más caros Full Frame. Lo que sí te recomiendo es que graben en 4k. Hoy en día grabar en 1080 debería ser un delito. ¿No crees? Si no lo crees, hazme caso. Graba en 4k. Así que ¡a buscar!

ÓPTICAS

Las ópticas APSC son muchísimo más baratas que las Full Frame. Es una locura. En general, tener equipos APSC es muy rentable cuando empiezas. Lo que sí te pido, por favor, es que intentes comprar ópticas con una apertura por lo menos de F/2.8. Como compres algo que abra el diafragma menos que eso ve olvidándote de grabar en sitios relativamente oscuros y de conseguir resultados visualmente bonitos. Para que te hagas una idea, yo tengo todas las ópticas F/1.4 y F/1.8. ¡Ah! Por favor, compra lentes fijas. No compres variables (o de *zoom*). Obtendrás resultados de mayor calidad utilizando lentes fijas.

A todo esto, añádele lo siguiente: deberías tener un mínimo de tres objetivos. Un angular, una óptica media y un teleobjetivo. Así tendrás variedad para poder jugar. A partir de ahí, amplía cuanto quieras.

MONITOR

Si no quieres llevarte sorpresas cuando veas el contenido que has grabado en el ordenador, la mejor compra que puedes hacer es un monitor externo de, como mínimo, 5,5 pulgadas que puedas acoplar fácilmente a tu cámara a través de un cable HDMI. Ahí podrás exponer correctamente, ver tu imagen en grande y no tener dudas sobre lo que estás grabando. Haz tu rodaje lo más cómodo posible. Ganarás tiempo y calidad y, recuerda, ¿qué ocurre si ganas tiempo y calidad? Pues que ganarás más dinero. Fácil.

ESTABILIZADOR

Las cámaras con estabilizadores ópticos internos suelen ser un poco más caras, pero son una maravilla. Te permiten poder prescindir de un trípode (para tomas sencillas), puedes grabar cámara en mano, etc. Pero para las que no lo tienen es necesario utilizar un estabilizador, también conocido como Steadycam. Tener a mano un estabilizador es casi siempre necesario, sobre todo, en los casos en los que tienes una cámara sin uno interno. El estabilizador te va a permitir grabar una imagen sin movimientos bruscos y feos, ofrecer paz y delicadeza al movimiento y utilizar diferentes técnicas creativas. ¡Ojo con comprar uno que no te hace falta!, es decir, compra el apropiado para tu cámara. No te equivoques y te compres uno más grande que soporta más peso, para cámaras más pesadas, y tengas una APSC pequeñita. Tendrás problemas. Te lo cuento por experiencia propia.

FILTROS DE DENSIDAD NEUTRA

Si quieres exponer como es debido, por favor, cómprate filtros de densidad neutra. Estos filtros son como una especie de gafas de sol para nuestro objetivo. Se encargan de reducir la cantidad de luz que entra a través de nuestra lente, permitiéndonos de esta manera exponer correctamente nuestro video sin tener que utilizar la obturación, la ISO o la apertura de diafragma. En mi caso, utilizo filtros de 3 y 6 stops (o pasos de diafragma). A partir de 6 suelen oscurecer excesivamente la imagen. Tienes infinidad de tipos en internet. Te recomiendo que no los compres variables. Los que ofrecen unos pasos fijos (3, 6, 10, etc.) suelen brindar mayor calidad de imagen.

ILUMINACIÓN

Es fundamental que tengas un kit básico de iluminación, especialmente si vas a grabar en interiores. Puedes llevar dos paneles led para montar sobre dos trípodes y un panel led pequeño, que quepa en tu mochila. Con los dos paneles led sobre trípode necesitarás comprar tanto los paneles como los trípodes (suelen venir en *pack*). Esas luces, por lo general, deberán ser regulables, tanto en intensidad como en temperatura de color. Son los que utilizarás como fuentes de iluminación principal o de contraluz. En mi caso, los utilizo constantemente. Si te hace falta una tercera iluminación, para rellenar, por ejemplo, con un led pequeño te será suficiente. Algo que puedas sujetar con la mano, con un trípode o acoplar a tu cámara sin problema.

KIT DE LIMPIEZA

Necesitarás un kit de limpieza para mantener tus equipos en perfecto estado, especialmente los objetivos, en caso de que se manchen. Normalmente vienen en un estuche con varios elementos: pinceles, toallitas, líquidos especiales, sopladores, bayetas, etc. Mantén limpio tu equipo y no tendrás que perder apenas tiempo en limpiarlo. Tienes cientos de accesorios de limpieza en internet que puedes comprar a precios muy, muy económicos.

ALTAVOZ

Te hará falta un altavoz para reproducir la canción en la grabación de los *playbacks* para que el cantante pueda simular que canta, respetar el tempo de la canción original y facilitar la sincronización de la música en postproducción. No hace falta que lleves algo gigante. Puedes encontrar altavoces pequeños a precios competentes que suenan una pasada y te caben en la mochila.

ORDENADOR Y DISCO DURO EXTERNO

Esto me parece fundamental. Dirás, ¿para qué? Si vas a estar varios días de rodaje fuera de tu ciudad necesitarás llevarte un ordenador portátil y un disco duro externo, para poder volcar el contenido filmado y hacer copias de seguridad, así como liberar espacio de la tarjeta de memoria de tu cámara si estás en rodajes extensos. Ten en cuenta que el contenido que grabes valdrá dinero, así que, ¿para qué esperar? Copia el contenido lo más rápido posible y evita dolores de cabeza. Los equipos tecnológicos de calidad no suelen fallar, pero ¿y si fallan? Cúrate en salud ☺.

Todos los elementos que te he mencionado son los que, indiscutiblemente, deberás llevar a cualquier rodaje por sencillo que sea. Recuerda que puedes gastarte lo que quieras en tu primer equipo, pero mi recomendación es que pruebes, inviertas poco y luego lo vayas ampliando. Si trabajas con algo barato y un poquito incómodo cuando des el salto a equipos mejores vas a tener una gran capacidad de dominio y podrás explotar mucho más la liga del alto rendimiento. Añade periódicamente los *gadgets*[11] que necesites a tu *setup*[12].

Puedes pensar que son muchas cosas para llevar tú solo. Créeme que no son tantas. Si te compras una buena **mochila** podrás llevar tu equipo de cámara, filtros, objetivos y ordenador cómodamente. Las luces y el estabilizador suelen ocupar un poco más de espacio así que métchos en una **maleta**. ¡Todavía te sobra una mano! Cuando estés en el set de rodaje deberás disponer de un lugar privado en el que poder almacenar y tener accesible todo tu equipo. Algo que sea lo más parecido a un camerino o un camerino mismo.

Al principio es probable que te parezca un poco complejo tener que controlar todo tu equipo, pero te darás cuenta de que cuanto más practiques más fácil te resultará esta labor.

---

11 *Gadget*: elementos acoplables a tu equipo de trabajo. Tienen como función hacerte la vida más cómoda.
12 *Setup*: conjunto de elementos que llevas para poder rodar.

SECCIÓN 3

EL RODAJE

Las experiencias que se sienten cuando uno pone en práctica las propias decisiones adquieren calidad y significado en el contexto de nuestra vida entendida como un todo.

STEPHEN COVEY

CAPÍTULO 1

UF, ¡MAÑANA A RODAR!

Por fin, ha llegado el gran día. El día en que vas a pisar la arena[13]. Es normal que existan nervios previos. Si no aparecen en ningún momento es que no tienes entre manos un proyecto lo suficientemente ambicioso.

Si has hecho los deberes como te he exlicado hasta este punto, tranquilo, las cosas saldrán bien, te lo aseguro. Por lo menos todo aquello que esté bajo tu control. Si te apetece tener todo más controlado todavía te recomiendo que los días previos al rodaje vayas hablando con los artistas para comentar qué tal vas y que te cuenten qué tal van ellos. Si trabajas con artistas un poco más grandes es posible que las discográficas les ofrezcan estilistas y maquilladores y no hayas tenido que encargarte tú de esa labor. Puedes hablar con ellos para comentarles qué es lo que quieres, cómo te gustaría que luzcan en cámara y que te pasen unas cuantas fotos de las ropas que van a llevar en sus enormes maletas el

---

13 La arena: anfiteatros romanos donde salían a combatir los gladiadores.

día de rodaje. Ten en cuenta que si antes de ir a grabar ya sabes qué tipo de ropas van a llevar (te aconsejo que les comentes qué colores y estilo te gustaría que tengan mayor presencia) será mucho más fácil para ti crear mentalmente un boceto del resultado de tu video, lo cual te proporcionará mucha más calma.

Hacer este tipo de llamadas con el equipo es muy beneficioso, no solo para que tú estés más tranquilo, sino para que os conozcáis, si es que no os conocéis, y todos podáis favorecer la labor mutua el día de grabación. Tanto el personal externo a ti, como el que contrates tú (si es que contratas), deberá tener una copia del plan de rodaje que has elaborado para que todos tengan claro cuándo empiezas a rodar y cuánto tiempo vas a estar rodando. Los tiempos los marcas tú, no ellos. Si tienes esta premisa clara, tienes mucho ganado. La persona responsable de todo lo que ocurre ese día eres única y exclusivamente tú. Eres el director, así que ponte las pilas.

Sé que no es posible que te responsabilices de todo, puesto que, si no eres maquillador y tú no le has contratado, no van a recaer sobre ti las culpas del personal externo a tu marca si hacen mal su trabajo, pero de ti sí depende meterles prisa si es que se están durmiendo en los laureles u ofrecerles alguna indicación importante. También te digo que si es personal contratado por una discográfica seria o por un cantante con experiencia, te adelanto que irán profesionales competentes que sabrán adaptarse muy bien a los tiempos de rodaje. En rodajes profesionales casi nunca me ha tocado trabajar con inútiles, así que tienes que estar a la altura. Además, piensa que si van estilistas o demás personal externo contratado por una discográfica es muy probable que trabajen con decenas de cantantes conocidos, lo cual te beneficia si haces un buen trabajo, pues podrán hablar de ti y lo que es más importante, hablar bien.

Cuando tengas todo atado asegúrate de cargar todas las baterías, limpia tus equipos, haz recuento de todo lo que vas a tener que llevar y disfruta.

MEDITACIÓN CON VISUALIZACIÓN

¿A que al leer este subtítulo acabas de descolocarte? Es mi intención.

La noche de antes de cualquier rodaje tengo la costumbre de dedicar entre 10 y 30 minutos a sentarme en posición de meditación[14] y visualizar lo bien que va a ir todo. Me imagino dirigiendo, coordinando al equipo, obteniendo planos espectaculares, maneniendo una buena relación con el artista y con todos los demás, cumpliendo mis objetivos, etc.

Cuando acostumbras a tu maravillosa mente a visualizar cómo van a ir las cosas es mucho más probable que ocurran así, pues ya te has acostumbrado a hacerlo en otra dimensión, una a la que solo tú puedes acceder. Es decir, cuando estés en el rodaje tendrás la sensación de haber estado ahí previamente y, en verdad, ya has estado. En tu mente ☺.

---

[14] Posición de meditación: sentado o tumbado, con la espalda recta, favoreciendo el flujo de la respiración y manteniendo una actitud de alerta.

CAPÍTULO 2

COORDINAR AL PERSONAL DE RODAJE

¡Olé! Ya estás en el set. En un día tan importante como este solo tienes que estar pendiente de ejecutar tu trabajo tal y como habías planeado y, sobre todo, de no dar problemas. Llega, saluda, reparte abrazos, etc. Charla durante un tiempo, antes de empezar a rodar, con todos los que estén allí presentes. Para eso habrás tenido que quedar un buen rato antes de la hora fijada de comienzo. Establecer una buena relación en el momento de estar todos juntos es una estrategia básica y maravillosa para causar buena impresión a todo el equipo (me da igual que estéis 2 que 30), de esta manera, abriéndote a ellos, conseguirás que durante toda la jornada te escuchen y te respeten. Como aparezcas allí y vayas de tímido por la vida, date por jodido, transmitirás muy poca seguridad en ti mismo y no confiarán en tus decisiones. Eres el director, tienes que mostrar plena seguridad en todo lo que haces, dices y decides, aunque por dentro seas un manojo de nervios y te sientas como un flan. Tu imagen es lo más importante ese día y es con lo que todo el personal se va a quedar de ti. **Con tu comportamiento.** Voy a contarte una pequeña historia para meterte en materia y que veas muy bien a lo que me refiero, una historia personal que viví hace unos años.

UN POCO MÁS Y VOMITO EL CORAZÓN

Eran las 7 de la mañana cuando sonó mi despertador. Desperté al director de fotografía, quien dormía en mi casa, desayunamos y fuimos a la estación a buscar a la cantante y su estilista, que venían de hacer un viaje de más de 700 km. Eran las 8 de la mañana cuando se montaron en el coche. A las 8:30 tenía previsto estar en la casa donde teníamos que empezar a rodar a las 9. Dejamos el set de rodaje listo el día anterior. El resto del equipo (actores y maquilladora) debían llegar a la vez que yo, así les había citado.

Según mi plan de rodaje, nos esperaba un entretenido día de 12 horas de grabación en más de 4 localizaciones diferentes, con 5 actores fundamentales y más de 20 extras bajo mi responsabilidad. Casi nada para ser uno de mis primeros videoclips de verdad en la industria.

Arranqué el motor y mantuvimos una agradable charla los cuatro que estábamos en el coche. Tuve que salir a la autovía principal de Zaragoza para ir a nuestro destino y, de repente, pegué un frenazo. Me vi obligado a hacerlo, pues el resto de coches que se econtraban delante de mí hicieron lo mismo. Recuerdo que a la cantante se le escapó un pequeño grito por el susto. «Menos mal», pensé. Solo me faltó darle un cariñoso beso al coche de delante para romper el hielo en lo que era mi primer trabajo para esa artista.

Saqué la cabeza por la ventanilla para ver qué pasaba y vi a más de un centenar de coches parados en la carretera. Empecé a sudar y no quería que se me notaran los nervios. Intenté calmar la incertidumbre de la cantante y su estilista (el dire de foto era un buen amigo, no hacía falta calmarle, nos conocíamos muy bien ☺).

El tráfico avanzaba muy poco a poco y yo no dejaba de mirar la hora. 8:15, 8:30, 8:45... Ya llevábamos 15 minutos de retraso y se me ocurrió poner la canción de la cantante para ir entrando en materia. Empecé a comentar el rodaje y lo que teníamos previsto. Necesitaba que viera que estaba todo 100 % controlado, independientemente del percance que nos habíamos encontrado en la carretera, el cual yo no podía controlar. Alcé la vista y vi que, por la dirección que tenía que ir (dirección Barcelona), se podía apreciar un interminable atasco. Eso empezó a alterarme cada vez más, internamente, claro. Por fuera tenía que parecer **una jodida piedra.**

En ese momento sabía que tenía que tomar una decisión rápida, me equivocase o no, pero no tenía margen para pensar. Tenía que actuar con rapidez. Decidí desviarme dirección Madrid, justo la opuesta, y circunvalar la ciudad para llegar a la casa. Estimé que si no había tráfico me demoraría 15 minutos más, es decir, media hora de retraso.

Tomé esa dirección y, a los 5 minutos, nos topamos con otro terrible atasco, con la diferencia de que al tener que circunvalar la ciudad, si el atasco era de la misma magnitud que el anterior, me iba a costar muchísimo más tiempo llegar a nuestro destino. Automáticamente llamé a Laura, mi novia, quien, aparte de ser una de las actrices principales, iba a ser mi mano derecha en todo, y le expliqué con mucha calma la situación. Le dije que fueran leyendo el guion, vistiéndose, maquillándose y, si era necesario, ensayando. Le dije que debía transmitir control y calma de mi parte al resto del equipo que estaba en la casa esperando, así como la necesidad de que una vez que llegáramos estuvieran listas para empezar. No podíamos entretenernos. Teníamos que ir al grano. Ellas debían actuar bien casi desde la primera toma y la maquilladora tenía que mover la brocha por la cara de la cantante como si estuviera mopeando el suelo de su casa, es decir, como un tiro. Confié en Laura. La conocía bien y sabía que iba a transmitir mi mensaje como era debido.

9:00, 9:15… Cuarenta y cinco minutos de retraso y el atasco desapareció. Me metí por un camino de tierra con el coche (el cual limpié con mucho cariño el día anterior para recoger a la artista) para acortar el recorrido y evitar un posible tercer atasco. Finalmente, llegamos a las 9:30, una hora más tarde. Durante todo el viaje, charlé con la cantante y su estilista entre risas, con calma, sin mostrar ni el más mínimo agobio. Con Laura hice lo mismo y ella con el resto del equipo. Al llegar, repetí mi comportamiento con todos los que se encontraban allí y les expliqué la necesidad de poner un pequeño plus de esfuerzo en nuestros respectivos trabajos para poder hacer todas las tomas tal y como estaban escritas. Sinceramente, mis palabras tuvieron tal efecto que, pocas horas después, terminamos de rodar esa parte sin tener que omitir nada importante. Cuando terminamos el rodaje de la casa, TODO el equipo me ayudó a poner las cosas en orden y a limpiar. Desde la cantante hasta la estilista, pasando por los actores, maquillaje y director de fotografía. ¿Sabes qué? Terminamos el rodaje exactamente a la hora que tenía prevista en el plan de rodaje, habiendo grabado todo. Normalmente suelo acabar a la hora que tengo escrita. Es un reto que me propongo en cada proyecto.

Después de lo que te he contado podrás intuir de qué videoclip se trata, si es que has visto una buena parte de mi cartelera. Si no, te invito a que dejes volar tu imaginación y lo adivines ☺.

Espero que hayas captado lo que pretendo transmitirte con esta historia y la importancia que tiene el director el día de rodaje, pues eres el centro de atención en todos y cada uno de los movimientos que hagas. Sacando los puntos más importantes de la coordinación de personal, mis consejos son los siguientes:

- Muestra **actitud**, energía y pasión.
- Muestra calma y **control**.
- Muestra **seguridad** en ti mismo.
- **Escucha** atentamente las sugerencias del cantante.
- Haz sentir **cómodo** al cantante en todo momento.
- **Respeta** el trabajo del resto del personal. Si enfadas a alguno y decide trabajar lento o peor, te arruinará el rodaje. Con esto no quiero decir que de bueno seas tonto, ojo. Sé claro, educado y correcto. Pero siempre con el respeto por delante.
- Haz sentir a todos como si estuvieran en una reunión de **amigos**, sin olvidar que estás en un ambiente de trabajo.
- Ofréceles tu **confianza** desde que pongas el pie en el set hasta que te vayas.

- **Comunica** todo lo que necesites. La comunicación es la base de todo.
- Explica con **claridad** tus necesidades.
- Sé **educado** cuando tengas que meter prisa.
- Haz que todos se **involucren** en el proyecto tanto como tú. Deben sentirlo así.
- Si hay problemas, no muestres agobio. Sé **resolutivo**. Si te ven agobiado, se agobiarán.
- Toma **decisiones** rápido. Entrénate para decidir de forma activa, certera y eficiente.
- **Confía en ti.** Si estás ahí es porque alguien ya lo ha hecho. No hay motivo para que tú no lo hagas.

CAPÍTULO 3

EL TIEMPO ES TU RECURSO DE ORO. ¡CONTRÓLALO!

Te darás cuenta de que el tiempo pasa muy, muy rápido, independientemente de que tengas una larga jornada de 12 horas. Si has hecho los deberes, deberías conocer la forma en la que trabajas y la velocidad a la que eres capaz de ejecutar las tomas. También es cierto que, aunque te conozcas a ti, no tienes por qué conocer al resto de personas que están allí contigo, ni a los cantantes, ni a su equipo, si es que llevan. Confía en que son profesionales y que han prestado la atención suficiente a tu plan de rodaje. Si todo fluye como es debido, terminarás el rodaje feliz por haber cumplido tu objetivo. En caso contrario, supongamos que hay algún problemilla que, por A o por B, te empieza a generar un poquito de tensión. Casi siempre va a haber alguna cosa con la que no contabas y eso deberás tenerlo en cuenta en el plan de rodaje para que no te pille el toro. Obviamente, me refiero a cuestiones controlables, por ejemplo, que el maquillador se retrase 15 minutos, que el cantante decida cambiarse de ropa al ver que no le gusta como le sienta en el plano, que te des cuenta de que en las 3 anteriores tomas has grabado a 25fps cuando deberías haberlo hecho a 60fps y tienes que repetir, etc. Este tipo de imprevistos restarán algo de tiempo a tu planificación, pero no suponen un gran problema.

La complicación viene cuando te encuentras en situaciones que te suponen una pérdida de 30 minutos en adelante, ahí es cuando tendrás que controlar muy bien el tiempo. Por ejemplo, encuentras un atasco terrible como me pasó a mí en el ejemplo que te he contado, la persona responsable de cederos la localización tiene que cerrar el lugar una hora antes de lo previsto, uno de los sitios en los que pensabas rodar está lleno de gente y tienes que esperar a que desalojen, se desata una tormenta, uno de los actores se pone enfermo 30 minutos antes de asistir a la grabación (suena a excusa, pero me ha pasado), etc. En este tipo de casos quiero sugerirte lo siguiente para que pierdas el mínimo tiempo posible:

TEN SIEMPRE UN PLAN B

Por si no puedes rodar donde tienes previsto. Aunque esta opción alternativa sea peor o te guste menos, es mejor que nada.

AMPLÍA TU CARTERA DE ACTORES

En general suele haber personas que en caso de emergencia acuden como locas, así da gusto. Pero no siempre es así. Si por el motivo que sea el mismo día de rodaje os falla un actor, tendréis que llamar a otro y, como sea difícil de convencer, tendréis que ofrecer más billetes, aunque os duela. Así que ten una lista de actores a los que llamar por si eso ocurriera.

OMITE LAS TOMAS QUE NO APORTEN

Si calculaste mal tu plan de rodaje, ha habido otros imprevistos o vas más lento de lo que pensabas, sigue este consejo y elimina las tomas que no aporten algo fundamental a tu videoclip. Como director te aseguro que me gusta grabar todo lo que escribo, pero en ocasiones y según en qué circunstancias es imposible. Así que omitir las partes menos sugerentes, aunque te duela, será la mejor vía.

GRABA, MÍNIMO, 5 *PLAYBACKS* MÁSTER

Serán un fantástico recurso como concepto de salvación. Piensa que si tienes 5 *playbacks* máster, solo con eso, podrás montar un videoclip. Y con menos también. Pero tampoco exageremos.

GRABA TOMAS MÁSTER DE LAS ESCENAS

Al igual que grabar *playbacks* máster es un recurso muy valioso, grabar una escena completa sin cortes y en plano general es otro que te puede salvar en caso de emergencia. Sé que para el montaje y lo que tenías pensado no es lo ideal, pero, te repito, mejor es algo que nada.

OJO CON LAS PARADAS A COMER

Las comidas suelen ser el momento perfecto para que todos os despistéis charlando, riendo y pensando que de ahí os vais a casa. Pero si todavía no habéis terminado de rodar vigila el reloj. Es muy común que todos, excepto tú y el cantante (a veces ni él), estén prestando poca atención a los tiempos de parada.

NO MONTES EL SET DE ILUMINACIÓN

Si vais justos de tiempo y grabáis en exterior o en un interior muy bien iluminado gracias a la luz natural, no montes tu kit de luces. Estarás pensando, pero ¿qué dices, Uli? La iluminación es fantástica siempre y cuando todo vaya como tiene que ir, pero te sorprenderías de lo que se puede hacer utilizando la luz que tienes disponible en el set. Una forma espectacular de entrenar el rodaje sin iluminación artificial es grabar bodas, pero como este libro habla de videoclips, practica, antes de nada, por si acaso.

OLVÍDATE DE PONER LOS FILTROS ND

Esto que te voy a decir ahora es poco ortodoxo, pero si estáis tan agobiados que cada **segundo** cuenta y estás grabando en exterior, con luz natural, no pierdas el tiempo en poner los filtros de densidad neutra para exponer correctamente. Utiliza la obturación y no te compliques la vida. Los puristas te dirán ¡ni loco!, pero yo te estoy hablando de situaciones de emergencia. En postproducción apenas notarás la diferencia; el cliente, menos, y el público ya ni te cuento. Si estás en interior y con luz artificial, la cosa cambia, las frecuencias podrían darte problemas. **Recordatorio**: para exponer correctamente, la obturación deberá estar al doble que los fotogramas por segundo a los que estés grabando (por ejemplo, 25fps = 1/50).

INVENTA

Si la cosa se complica y tienes buena capacidad de inventiva, inventa. No te quiero ni contar la de veces que he tenido que omitir escenas que tenía escritas e improvisar algo rápido, incluso en un lugar diferente, para poder conectar la historia. Confía en tu capacidad de improvisación. Aunque ejecutar lo que ya tienes escrito es lo más cómodo y seguro, improvisar es un recurso maravilloso si tu cabeza está acostumbrada a cocinar tomas aleatoriamente. Si tienes esa costumbre no te supondrá una dificultad. Eso sí, espero que no tengas que improvisar todo el rodaje completo, ahí sí que te entrará dolor de cabeza.

ACUDE AL RODAJE CON TODO MONTADO

Si vais con prisa desde antes de rodar, ¡tranquilo!, monta todo tu *setup* antes de ir a la primera localización. Si vas en coche será fácil llevarlo todo. Si no, será complicado. Muchas veces, la mayoría de ellas cuando he ido en coche, he llevado la cámara montada en el estabilizador, los leds acoplados a los trípodes con los correspondientes cables conectados, los filtros ND en los bolsillos del pantalón y el plan de rodaje aprendido de memoria, listo para llegar y grabar ☺.

PIDE AYUDA

Que no te dé vergüenza pedir ayuda a quienes están contigo en el rodaje. Si el tiempo apremia aceptarán tu petición con mucho gusto. Seguramente, antes de que pidas nada, serán ellos los que se ofrezcan a echarte un cable, incluso cuando te sobre tiempo. La gente suele ser agradable.

CAPÍTULO 4

COMO EXPONGAS MAL… ¡AL CARAJO TODO!

Sé que soy muy pesado con esto, pero la realidad es que, como tengas clips sobreexpuestos o subexpuestos, tendrás que eliminarlos definitivamente. Ni se te ocurra meterlos en el video final. Da muy mala imagen y poca profesionalidad. Exponer rápido y bien no es en absoluto difícil, pero al principio cuesta un poco, especialmente si grabas en formato logarítmico (LOG), que espero que sea el que utilices para sacarle un rendimiento de PELÍCULA a tu videoclip ☺.

EXPOSICIÓN EN FORMATO LOG

Aunque cada cámara tiene variedad de sistemas de exposición, todas suelen seguir unos patrones similares. Hay decenas de formas diferentes para hacerlo bien y puedes informarte sobre cada una de ellas, pero como en este libro te estoy contando lo que hago yo, voy a explicarte qué es lo que a mí me funciona para no caer en la subexposición y sobreexposición.

Este proceso no tiene nada de complejo si sigues mis pasos, pero te reconozco que para dar con la fórmula me llevé unos cuantos quebraderos de cabeza.

En primer lugar, en los ajustes de la cámara, activa la exposición con cebras, que son diferentes líneas que aparecen en las zonas más luminosas de la imagen. Es probable que tu cámara te dé diferentes opciones (+70, +85, +90, +100, etc). En vez de seleccionar las opciones predefinidas, deberías poder establecer tú este parámetro a través de alguna otra opción. Yo, para la grabación en formato LOG, establezco la exposición con cebras a +100, en el caso de Sony. Cada formato logarítmico varía en función de la cámara. Cada uno de estos sistemas tiene unas recomendaciones propias de la compañía. Como te iba diciendo, con el S-log3 se recomienda a +100 y con el S-log2 a +107. Pero antes de nada deberías experimentar y sentirte cómodo.

Por lo general, a la gente suele parecerle que son números muy elevados y que sus tomas quedan sobreexpuestas, por lo tanto, tienden a bajarlo manualmente (+85, por ejemplo), porque así lo ven mejor en el monitor. ¡Error! Con los formatos logarítmicos hay que sobreexponer un poco. Funcionan así. Quizá te parezca que la imagen está quemada, pero en realidad no. Cuando lo trabajes en postproducción te darás cuenta de que todo está correcto. De todas formas, haz muchas pruebas antes de rodar.

Supongamos que grabas en la playa. Miras por el monitor y ves las líneas de las cebras en el mar y en el cielo. Vas oscureciendo la imagen poco a poco (las cebras desaparecen del mar, luego de las nubes, luego del cielo, etc.) hasta que desaparezcan de tu encuadre. En ese momento ¡REC! Las cebras te avisan de que hay una zona en tu encuadre que está sobreexpuesta, lo que quiere decir que tendrás muchos problemas en postproducción para solucionarlo.

Esto es lo que ves en tu monitor cuando desaparecen las cebras

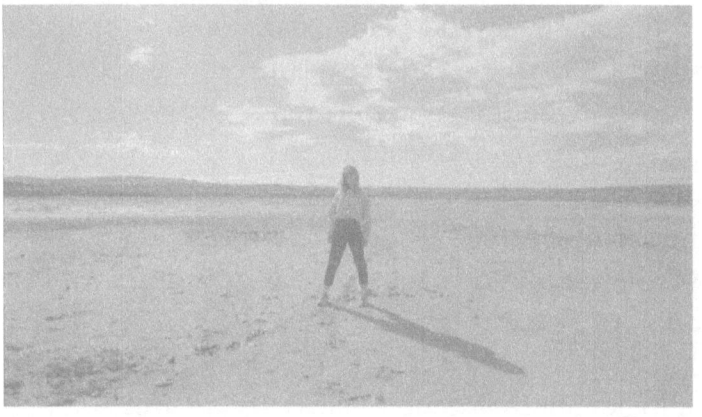

Y, ¿cómo oscurezco la imagen de forma correcta para que desaparezcan las cebras? Si recuerdas, te lo he ido explicando en diferentes puntos del libro en los que ha salido el tema. Te lo lo vuelvo a resumir.

- Si no es por emergencia, no toques la obturación para exponer. La obturación deberá ir siempre al doble de los fotogramas por segundo a los que estés grabando.

Por ejemplo:

- o 25fps = 1/50
- o 50fps = 1/100
- o 100fps = 1/200

- Si obturando como es debido sigues teniendo la imagen excesivamente luminosa puedes hacer lo siguiente:
    - o Bajar el número ISO al mínimo que te permita tu cámara en formato LOG. Algunas cámaras establecen un mínimo de 800 de ISO en la grabación logarítmica y no es posible reducirlo más. Otras, más avanzadas, permiten bajar hasta 100.
    - o Cerrar el diafragma: si estás grabando a F/1.4 prueba a ir cerrando (F/1.8, F/2.8, etc). Yo no te lo recomiendo porque si, como yo, quieres tener un desenfoque bonito, haciendo esto lo perderás.
    - o Filtros ND: es la mejor alternativa para no tener que cerrar el diafragma: como te he explicado con anterioridad, si utilizas un filtro de 3 pasos de diafragma (3 *stops*), equivaldrá a cerrar x3 el diafragma sin perder el maravilloso desenfoque. Yo los uso SIEMPRE.

Ten mucho cuidado. No ver cebras no es sinónimo de que esté bien expuesto. Imagina que no ves ninguna cebra y en tu monitor lo ves bien, pero realmente puedes poner +400 de ISO y +3 pasos de diafragma hasta que aparezcan las primeras cebras en tu encuadre. En ese caso estarás subexpuesto. La exposición correcta es:

- Si toco algo y aparece una cebra, me quedo donde estaba.
- Si tengo una cebra, toco algo y desaparece, toco ese algo.
- Si no tengo cebras y toco varias veces hasta que aparece una cebra, estaba subexpuesto.

PD: no pasa nada si estás una línea por encima o por debajo, no es tan estricto.

¿Está claro? Pues así se expone el LOG, amigo mío.

EXPONER EN REC 709

Si te soy sincero, apenas grabo en Rec 709. Hace ya un tiempo que me especialicé en la grabación logarítmica y la utilizo hasta para grabar con el *smartphone* (es broma, no existe, que si no…).

Las muy pocas veces que grabo en este formato es porque voy a hacer algo de bajo presupuesto, sencillo y rápido. Desde luego que no es algo que utilice en el mundo de los videoclips, eso ya te lo adelanto. Si quiero que parezca una película, uso siempre LOG.

En definitiva, cuando grabo trabajillos así, mantengo las cebras como las tengo configuradas del LOG y cuando desaparecen del encuadre suelo bajar 2 o 3 pasos más. Lo bueno de este perfil de imagen es que en la pantalla vas a ver el resultado tal y como va a salir (no es necesaria la postproducción de color intensiva), así que si tienes buen ojo, no te hará casi ni falta utilizar las cebras. Será como hacer fotos rápidas. Pero lo que te digo siempre, ¡prueba primero y observa tú mismo lo que haces antes de hacer nada profesional!

CAPÍTULO 5

¡A DIRIGIR SE HA DICHO!

Por fin, una de las partes que más me gusta. Para poder contar tu videoclip, ya sea en formato narrativo, descriptivo, o en lo que sea, tendrás que dirigir. Resulta evidente que, si existe una historia detrás, tendrás que profundizar más en esta labor. Pero siempre vas a tener que dirigir, por pequeño que sea tu proyecto.

Aunque tus documentos recojan apuntes técnicos y, probablemente, alguna puntualización de interpretación, en tu cabeza tiene que estar perfectamente representada la actuación por parte de los cantantes, actores o quien sea que vaya a participar. Ahora veremos una serie de aspectos fundamentales que seguro que te toca hacer a la hora de dirigir a tu equipo de intérpretes.

¿ENSAYO CON LOS ACTORES?

Los ensayos suelen ser una cosa muy positiva para videos ambiciosos. Yo normalmente no lo hago. Por tiempo, distancia a la que me encuentro de ellos u otras variantes que imposibilitan esta tarea. Pero cuando tengo la oportunidad me gusta quedar con ellos para exponerles, en persona, mi punto de vista y ensayar como mínimo un par de horas. De esta forma conocerán qué quiero, sin la presión del rodaje, y cuando nos metamos en faena ya sabremos ambas partes qué es lo que necesitamos. La dirección será más sencilla.

¿ENSAYO CON LOS CANTANTES?

Si son personas acostumbradas a interpretar en escenarios y han hecho más videoclips, no tendrás problemas para dirigirlos, ni en historias ni en *playbacks*. En vez de ensayar, lo que puedes hacer es transmitirles tu idea de actuación y enviarles alguna referencia visual (de una película, una serie, etc.) para que se hagan a la idea de lo que quieres expresar.

DIRIGIR ACTORES NO PROFESIONALES

Esto puede ser un problemilla porque es posible que este tipo de actores (amigos, invitados, *followers*, etc.) no se haya visto en una situación así en su vida. Estarán más pendientes del entorno y de la cámara que tienen delante de su cara que de escucharte y hacer lo que les estás pidiendo. ¡Calma! Tienes que ser paciente si trabajas con gente no profesional. Es normal que estén nerviosos. Dales muchísima confianza desde antes de empezar a grabar y ofréceles la posibilidad de grabar solo contigo si se encuentran incómodos con el equipo de rodaje. Si aun así no te lo piden (por vergüenza), saca del set a todas las personas que estén mirando y quédate solo con el actor/actores. Verás como muchas veces es lo que necesitaba.

Con estas personas busca la naturalidad máxima y pídeles que actúen como en su vida cotidiana lo harían. Insiste lo que haga falta. Eso sí, deberán estar interpretando algo cotidiano. Si les pides que salten en paracaídas como lo harían en un día normal de su vida, será complicado ☺.

Si necesitas que se rían y lo hacen forzado, hazles reír. Lo bueno de grabar videoclips es que no se escuchará el sonido que grabes, así que mientras tanto aprovecha para contarles estupideces hasta que la situación les parezca tan surrealista que, finalmente, comiencen a reír. Esa será su risa natural, créeme.

No hagas guiones excesivamente complejos cuando trabajes con actores no profesionales. Puedes construir historias bonitas, pero no complejas. ¡Pónselo fácil!

SÉ EL *COACH* DE LOS FRUSTRADOS

Por la razón que sea, tanto personas profesionales como no profesionales pueden tener un mal día e interpretar mal. Es algo natural así que no te vengas abajo. Son personas que están poniendo su imagen para expresar algo. Actuar no es nada fácil. Empatiza con ellos y con sus emociones. Si te desesperas, se desesperarán doblemente y es posible que no consigas filmar lo que necesitas.

Cuando la cosa se complique es mejor parar unos minutos y charlar, a ser posible a solas, sin el equipo detrás, y ser la persona más agradable y comprensible del mundo. Si a ti te frustra que el intérprete lo esté haciendo mal, ¡imagínate a él!

Tómate el tiempo que sea necesario para levantarle el ánimo, motivarle, darle un abrazo, tomaros un café o hacer que se sienta como una estrella de Hollywood. Haz lo que haga falta para contribuir positivamente en mejorar esa difícil situación. Si lo haces bien conseguirás que intérpretes mediocres parezcan personajes recién salidos de Netflix. En definitiva, tu capacidad comunicativa, tanto verbal como no verbal, jugará un papel fundamental en casos como este.

REPITE, REPITE Y… ¡REPITE!

Muchos directores noveles sienten vergüenza de repetir varias veces la misma toma y se conforman con lo que han hecho. ¡Error! Hasta que no veas que tienes la toma perfecta, la que estaba previamente en tu mente, no dejes de repetirla. Eso sí, si han pasado 5 horas y sigues repitiendo la misma toma, replantéate qué está ocurriendo. Se entiende lo que quiero decir, ¿verdad? **No te conformes con la primera toma**, ten siempre una reserva de, como mínimo, dos tomas de la misma acción. Si hasta la quinta no te decides por gritar «¡esta es la buena!», pues que sea hasta la quinta. No dejes que la impaciencia estropee tu arte.

Voy a contarte una historia personal en la que sentí una mezcla entre motivación, felicidad y un poquito de dolor:

Para el videoclip *Pa fuera lo malo* decidí hacer un plano secuencia[15] de 3:15 minutos. Ni un solo corte. Nos pasamos un día entero ensayando lo que yo había diseñado y el día de rodaje empecé a sentir un dolor muy incómodo en la rodilla derecha, supongo que por culpa de los ensayos y los movimientos que tenía que hacer.

Rebosé mi rodilla de crema antiinflamatoria, la vendé, me tomé un antiinflamatorio y recé para que termináramos el rodaje en menos de dos horas, que era lo que estaba previsto después de haber pasado muchas horas ensayando.

En las primeras tomas apenas sufrí, pero a partir de la séptima empezó a molestarme de nuevo la rodilla.

—¡Tenemos una muy buena! —grité en la novena toma, pues me había gustado mucho— Necesito una o dos más mejores que esta.

A partir de la décima toma empecé a cojear y a, literalmente, sufrir.

—¡Creo que la tenemos! —grité en la toma 14.

Nos sentamos en el suelo para verla todos juntos (cantantes, bailarines y yo).

---

15 Plano secuencia: realización de una toma, sin cortes, durante un tiempo bastante amplio.

—¡Que bien, Uli! —comentaron al terminar de ver lo que proyectaba mi monitor—. Ya está, ¿no?

En ese momento tenía muchas ganas de terminar de rodar por el dolor que me estaba causando la rodilla. Pensé que era capaz de hacerlo mejor y les dije que haríamos una última, saliese como saliese. Si salía mejor que la anterior, maravilloso. Si salía peor, la toma 14 sería la oportuna.

Los cantantes me dijeron que no hacía falta, que la 14 ya era buena para el videoclip. Que no sufriera sin sentido.

—Al lío —les dije—. ¡Última toma!

Todos, entre risas, gritamos como espartanos e hicimos la última toma. ¿Sabes qué? Fue la mejor y la que utilicé para el videoclip final. Terminamos el rodaje a las dos horas de empezar, tal y como predije.

Todos estaban cansados, pero, si vieron que yo quería repetir y encima cojeaba de forma preocupante, no te quepa ninguna duda de que tuvieron la dosis de motivación suficiente como para desempeñar su papel mejor que en todas las tomas anteriores. **¡Sé un ejemplo!**

ES TU CULPA Y NO LA SUYA

Deja que te dé un consejo para que todo fluya. Imagina la tensa situación en la que has repetido numerosas veces una toma porque el intérprete (ya sea cantante, actor, etc.) lo está haciendo mal y no te gusta cómo queda en cámara. Si crees que le queda poco para hacerlo perfecto, no te recomiendo que le increpes su actuación. Échate la culpa a ti para que no sienta que lo está haciendo mal tantas veces (aunque por dentro es probable que lo sepa). Puedes decir algo como «perdón, repetimos. Se me ha desenfocado el plano» o similar. Haces que reajustas tu cámara y vuelves a dar las indicaciones necesarias a tener en cuenta. No creo que tengas que utilizar esta técnica más de dos veces seguidas en el momento en el que te des cuenta de que ya casi lo tienes. Créeme que funciona muy bien. Evitarás frustración innecesaria.

Si el intérprete no da pie con bolo y lo hace fatal constantemente, esta técnica no te servirá. Es posible que se sienta frustrado. Vuelve al apartado **Sé el coach de los frustrados** ☺.

ADEMÁS DE DIRIGIR, ACTÚA. SÉ EJEMPLO

Si quieres que los intérpretes comprendan qué es lo que quieres, hazlo tú. Olvídate de la vergüenza y representa su papel para que puedan verte. A partir de ahí, te imitarán.

No tienes que hacerlo perfecto, no eres actor profesional, pero al ser director no me cabe duda de que tendrás dentro de ti algo que te impulse a hacerlo más o menos bien para que puedan comprenderte e imitarte. Además de tener una función explicativa **serás un ejemplo a seguir**. Estoy seguro de que has visto películas bélicas en las que el general del ejército se pone en primera fila de batalla con sus soldados. Pues ese eres tú. No el que la mira desde la lejanía y se limita a dar órdenes.

ENSEÑA REFERENCIAS

Una opción buena para acoplar a tu explicación es mostrar referencias, ya sean fotográficas o en video, a los intérpretes. Si ellos ven en otras personas una actuación similar, será de gran ayuda para que se pongan manos a la obra.

GENERA SUS SENTIMIENTOS TÚ

¿Cómo? Sencillo:

- Si necesitas que expresen frustración, **¡frústrales!**
- Si necesitas que se rían, **¡hazlos reír!**
- Si necesitas que expresen cansancio o fatiga, **¡ponles a saltar!**
- Si necesitas que expresen tranquilidad, **¡háblales despacio y con cariño!**
- Si necesitas que lloren… procura que sepan hacerlo ellos mismos para que no te miren mal y si no **¡hazlos llorar!**

Y así con todos y cada uno de los sentimientos que necesites que expresen. Utiliza tu maravillosa cabeza para pensar cómo puedes hacerles sentir en una determinada escena. Eso sí, no seas demasiado evidente. Hazlo con sutileza.

RECONOCE SU ESFUERZO

Al igual que a ti te gusta que te digan lo bien que haces las cosas, a los demás también. No te olvides de valorar el trabajo que están haciendo y de reconocer, siempre, cuando una toma ha quedado maravillosa gracias a su actuación. Te darás cuenta de que si agradeces, reconoces y valoras su trabajo, darán mucho más de sí. Piensa en ti. ¿Darías más de ti si te valoraran más? Pues eso.

DIRIGIR A LOS QUE NO INTERPRETAN

Todas las personas del rodaje estarán a tu servicio para complacerte y para que puedas contar la historia de la manera más increíble posible. El respeto y el buen ambiente el día de grabación serán las claves fundamentales para que todos los allí presentes colaboren contigo. Olvida lo que has oído toda la vida de que los grandes directores de cine gritan y son unos capullos. Amigo mío, eso no funciona. Quieres tener gente contenta y dispuesta, no gente acojonada ni enfadada. El ambiente de trabajo es lo más importante para que todo salga como es debido. Trabajas con personas. Sé **coherente** y utiliza tu **sentido común**. Trata a los demás como te gustaría que te trataran a ti si estuvieras en su lugar. Si dominas esta materia, la gente hablará bien de ti y no dudarán en repetir.

Como te habrás dado cuenta, dirigir es una labor apasionante y muy bonita, pero requiere de cierta experiencia. No te preocupes si todavía no la tienes. Si practicas con gente cercana en el ámbito no profesional podrás desenvolverte sin problema dentro de la industria. Siempre aprenderás cosas nuevas y podrás mejorar. En mi caso, en cada rodaje aprendo algo nuevo. Así que no te sorprenda si cada cierto tiempo hago una edición nueva de este libro.

SECCIÓN 4

LA POSTPRODUCCIÓN

Sé un punto de referencia de calidad. Algunas personas no están acostumbradas a un ambiente donde la excelencia es aceptada.

STEVE JOBS

CAPÍTULO 1

¿CUÁL ES EL MEJOR PROGRAMA?

Hoy en día tienes infinidad de programas de edición, pero yo te recomiendo que utilices los que se usan en la industria. No porque sean ni mejores ni peores, sino porque las empresas que fabrican maravillosos *plugins*[16] para hacerte la vida más fácil los suelen crear para los programas de la industria. Aparte de eso, las compatibilidades suelen ser mejores. Si tienes dudas seguro que algún compañero de sector te puede ayudar, internet tendrá más soluciones, etc. ¿Cuáles son estos programas? Voy a decirte los tres más top:

- **Final Cut Pro:** nativo de Apple. Lo podrás utilizar si tienes el sistema operativo de Apple. Es el que yo uso.
- **Adobe Premiere Pro:** pertenece a la gran familia de Adobe. Funciona con diversos sistemas operativos.
- **DaVinci Resolve:** está cogiendo cada vez más fuerza. Tiene una versión gratuita muy completa.

---

16 *Plugin*: es una aplicación que añade una caracterísitica adicional al *software*. Es un complemento.

Los cineastas más veteranos te dirán que utilices **Avid Media Composer**. Voy a ser claro para no liarme más de la cuenta. No soporto este programa. Es mi opinión. Te animo a que eches un vistazo a películas actuales que estén montadas con este software y busques la edad de su editor. Probablemente pase los 60 años de edad. Si quieres algo intuitivo, compatible, fácil de usar y con lo que puedas compartir dudas y experiencias con otros compañeros de sector, utiliza cualquiera de los tres anteriores. No he conocido a nadie en la industria musical que trabaje con Avid.

Eso sí, como siempre, te animo a que pruebes cada uno de los que menciono, si puedes. Así podrás formularte una opinión personal sin haber sido influido por mis palabras o las de otros.

Decidas lo que decidas, no hay un programa mejor que otro. Con cualquiera de ellos podrás hacer lo que sea que te plantées. Recuerda que al igual que con la cámara, no importa el medio, sino lo que eres capaz de hacer con él. Partiendo de esta premisa, prueba y no te vuelvas demasiado loco. Elige el que más cómodo te resulte para trabajar.

PRECIOS (a fecha de escribir este libro)

- Final Cut Pro: **329,99 €**. Licencia de por vida.
- Adobe Premiere Pro: **24,19 €/mes**. Suscripción.
- Davinci Resolve: licencia de por vida.
    - Versión **gratuita**.
    - Versión completa: **255 €**.

COMPATIBILIDAD

- Final Cut Pro: **macOS.**
- Adobe Premiere Pro: **Windows** y **macOS.**
- Davinci Resolve: **Windows, macOS** y **Linux.**

FACILIDAD DE APRENDIZAJE

Similar en todos. Estos softwares de edición de video no lineal (utilizados por la tecnología digital) son relativamente sencillos de aprender.

VELOCIDAD DE TRABAJO

En este caso, Final Cut Pro ofrece la mayor velocidad entre los programas disponibles. Ten en cuenta que al ser nativo de Apple y solo funcionar con su sistema operativo macOS, está muy bien adaptado a su *hardware*.

CORRECCIÓN DE COLOR

Davinci Resolve, antes de ser un *software* con todas las funcionalidades de postproducción, era un programa específico para la labor de etalonaje. Por lo tanto, destaca en todo lo que a corrección de color se refiere, es su especialidad.

En este aspecto, creo que Adobe Premiere Pro es el que más corto se queda (opinión personal).

CAÍDAS Y BLOQUEOS DEL PROGRAMA

Adobe Premiere Pro se lleva la palma. Los usuarios suelen quejarse de numerosas caídas y bloqueos mientras están trabajando, lo cual resulta incómodo y, en cierto modo, peligroso.

INTERFAZ SIMPLE

Final Cut Pro dio un salto notable hace unos años tras la actualización de Final Cut Pro 7 a Final Cut Pro X. Pasó de tener una interfaz compleja, muy similar a la de Avid Media Composer y apostó por simplificar al máximo su diseño. Para algunos veteranos postproductores esto supuso un cambio incómodo, pero los beneficios de su simpleza han hecho que se pueda trabajar mucho más eficientemente.

Adobe Premiere Pro y Davinci Resolve, a pesar de haber gozado de actualizaciones novedosas, tienen una interfaz algo más compleja, más próxima a Avid que a Final Cut.

Después de nombrar algunas de las razones que me parecen fundamentales para tener en cuenta a la hora de decidir cuál será tu mejor programa, me gustaría recalcar que muchas de ellas son, en cierta manera, subjetivas. Yo me decanté por Final Cut Pro y no lo cambiaría por nada, pero cada editor puede decirte una cosa diferente. Te animo a que pruebes, investigues y decidas. Pero recuerda, lo importante es lo que seas capaz de hacer tú y no el *software*.

CAPÍTULO 2

EL PROYECTO

CREA TU PROYECTO

Crear tu proyecto dentro del programa de edición no debería tener mucho misterio. Simplemente deberás configurar unos pocos parámetros, que mayoritariamente atienden a formatos, para poder trabajar correctamente.

Échale un vistazo a la fotografía que muestro a continuación:

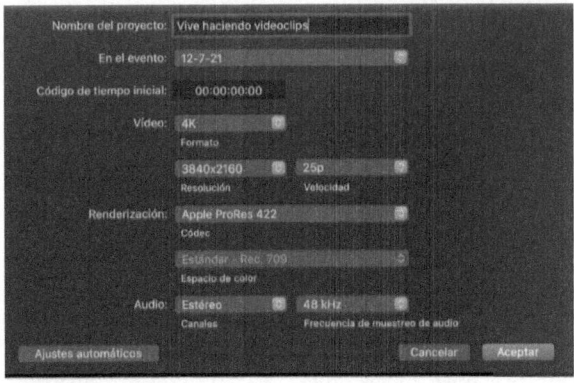

Aunque lo que aparezca en la foto pertenezca a la interfaz de Final Cut Pro, lo que te voy a explicar es extrapolable a todos los *softwares* profesionales de edición. Me voy a centrar únicamente en aquellas cuestiones que merece la pena que tengas en cuenta. Si no las menciono es que no hace falta que las toques, o que no son importantes.

- **Nombre del proyecto:** parecerá una tontería, pero nombra el proyecto correctamente. Si tu proyecto tiene un nombre y luego pones otro para el archivo maestro exportado, el nombre del proyecto se guarda y se muestra en diferentes reproductores. Si alguna vez has reproducido un video con VLC podrás observar que en la parte de abajo, en la línea de tiempo, aparece algún título o frase diferente al título del video. Por lo tanto, imagina que tu proyecto se llama «El hijoputa», porque el cantante te cae fatal. Aunque luego el título sea «La hermosa vida» es muy probable que él termine leyendo «El hijoputa». ¿Qué te parece? ☺

- **Código de tiempo inicial:** siempre lo pongo a cero para que el video que construyo empiece desde el segundo cero. Los ceros que aparecen los puedes modificar y están repartidos en horas, minutos, segundos y *frames*.

- **Video y formato:** ¿has grabado en 4k? Ponlo en 4k. ¿Has grabado en 1080? Ponlo en 1080. Y así sucesivamente. Si grabas en 4k y pones el proyecto a 1080 por error, cuando lo exportes, se verá en 1080. Si quieres que se vea a pantalla completa, mira en la información de los clips que tienes grabados, comprueba la resolución y pon la misma resolución en el proyecto que estás creando. Si quieres alterar la resolución y modificar el *aspect ratio* de tu video, modifica manualmente estos parámetros.

- **Velocidad (fps):** hace referencia a la velocidad a la que te gustaría que se vea tu video. En cine suele ser a 24fps. La TV en EEUU se ve a 30fps y en Europa a 25fps. Desde hace un tiempo siempre utilizo 25fps, pues las cámaras a veces no dan la opción de grabar a 24fps y para la sincronización de los *playbacks* y demás sonidos es un poco incómodo. Ponerlo a 25fps no te supondrá ninguna diferencia visual notable respecto a 24fps.

- **Renderización:** como trabajo con Apple y con Final Cut Pro, siempre marco el códec Apple ProRes 422, su códec nativo.

- **Audio:** siempre en estéreo, para que se escuche por los dos canales de audio.

- **Frecuencia de muestreo de audio:** si te pasan la canción a 96KHz, pon 96KHz, si te la pasan a 48KHz (cosa que dudo), pon 48KHz. En realidad, da igual la que utilices si editas video, nadie notará la diferencia. Pero para aportar mayor calidad, 96KHz es la ideal si te han pasado el máster en esa frecuencia. Si no te ocurrirá como con los formatos. Eso sí, luego en las plataformas digitales no se sabrá en cuál has exportado porque no habrá diferencia.

Al crear tu proyecto nuevo se creará la **línea de tiempo**, el maravilloso lugar donde cocinarás tu videoclip. Aquí pondrás tus clips, la música, efectos de sonido, capas de ajuste, títulos y subtítulos, efectos y demás capas que podrás crear. Será donde des forma a tu proyecto. Todos los programas de edición tienen una línea de tiempo similar:

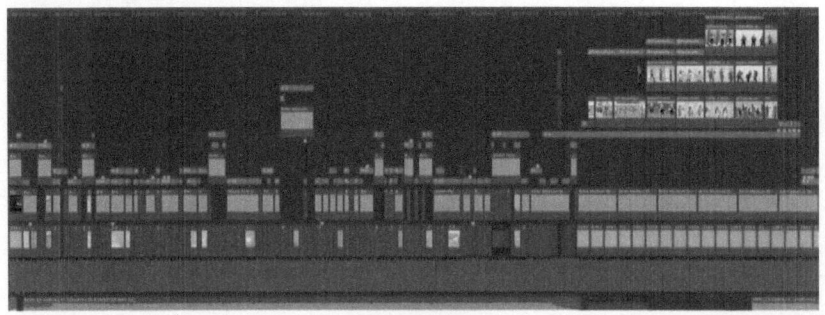

Aspecto de la línea de tiempo de uno de mis videoclips

IMPORTA EL CONTENIDO

Cuando tengas tu proyecto creado y tengas la línea de tiempo operativa para empezar a trabajar, tendrás que importar todo el contenido que tengas rodado. El mejor consejo que te puedo dar, para que trabajes con fluidez y saques un mayor rendimiento a todo lo que has grabado, es que **optimices tu contenido.** Deberás encontrar la opción antes de importarlo:

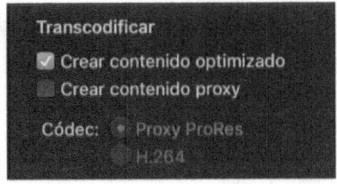

Al optimizar los clips, lo que estarás haciendo es transcodificar esos archivos y transformarlos al códec nativo de tu programa, en el caso de Final Cut Pro será Apple ProRes 422, para obtener el máximo rendimiento. Lo más seguro es que los archivos nuevos que se generen lleguen a ocupar hasta el doble de lo que ocupaban al salir de tu cámara, así que prepara una buena unidad de memoria. Si tienes una cámara potente que te permite grabar en este códec, no será necesario que optimices el contenido.

El poder de optimizar el contenido lo notarás, especialmente, si grabas con cámaras profesionales a 10 bits, 12 bits o en RAW. Si lo haces a 8 bits, con un ordenador decente, apenas notarás diferencia en cuanto a rendimiento.

¿Qué es eso de grabar a 12, 10 u 8 bits? Para que lo entiendas de forma fácil y sencilla: cuando grabas con cámaras semiprofesionales o profesionales a 8 bits, la profundiad de color será de 256 colores, por lo que la corrección de color será más limitada que las cámaras profesionales que graban a 10 bits, pues capturan hasta 1024 colores, o 12 bits, que ofrecen hasta 4096 colores y son ideales para el etalonaje. Si grabas en **RAW** (crudo), la postproducción de color la podrás llevar a otro nivel —ten en en cuenta que este tipo de archivos son fruto de lo que percibe el sensor de tu cámara sin procesar, totalmente descomprimidos—. Eso sí, si grabando a 10 bits tenías que preparar una buena unidad de almacenamiento, con archivos RAW prepara algo mucho mayor. Los clips en este formato ocupan una barbaridad. Pocas cámaras tienen la posibilidad de grabar directamente en RAW, pero a través de un grabador externo acoplado a tu cámara (que también podrás utilizar como monitor) podrás recoger tus imágenes en multidud de formatos.

Para ahorrar espacio en mi disco, lo que suelo hacer es dejar los archivos en su posición de origen, sin copiarlos a la biblioteca que genera automáticamente el programa. En definitiva, si los copias en vez de dejarlos en su ubicación los archivos ocuparán el doble, pues estarán en la carpeta donde los copiaste la primera vez, en la biblioteca donde los has copiado ahora y junto a los optimizados. Es decir, mucha memoria innecesaria. Eso sí, si los dejas en su posición y mueves la carpeta, la cambias de nombre o la modificas, tu *software* de edición no podrá localizarla y tus clips no aparecerán activos en la interfaz del programa. Tendrás que volver a la forma y al lugar donde los tenías en el inicio.

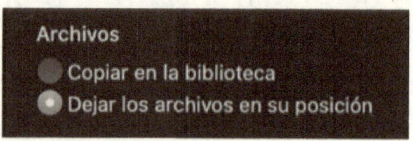

Después de terminar estos pasos puedes empezar a trabajar, pero antes, voy a recomendarte una de las cosas más importantes de todas: **organiza el contenido.**

CAPÍTULO 3

POR FAVOR, ¡SÉ ORGANIZADO!

Sonará básico y estúpido, pero no tiene nada de estúpido y sí de básico. Si eres una persona organizada tendrás mucho ganado, no solo en esto, en tu vida en general. Pero si no eres especialmente organizado, es hora de que empieces a serlo. Es posible que tengas decenas de clips que se llamen 00001, 00002, 00003 y así sucesivamente hasta lo que hayas grabado. A menos que seas un *crack* y sepas a qué video corresponde cada número, te recomiendo que inviertas el tiempo suficiente en nombrar tus clips:

- 00001 = PG chica besa a chico, 85mm
- 00002 = *Playback* máster 1
- 00003 = *Playback* máster 1.1

Si en tu videoclip hay muchas localizaciones, lugares, escenas, etc., te recomiendo que todos los clips los organices por carpetas, o eventos en Final Cut Pro, y te hagas un favor: introduce todos los archivos de la «Escena 1» en la misma carpeta, todos los archivos de la «Escena 2» en la misma carpeta y así con todo lo que tengas. Lo que más te guste y como mejor te venga. Muchas veces esta tarea da un poco de pereza y conlleva algo de tiempo, pero creéme que a lo largo del periodo de postproducción ganarás tiempo y salud.

Además de eso, dentro de la línea de tiempo podrás poner etiquetas, colores y demás anotaciones en cada uno de los archivos que tengas operativos. Cada programa tiene sus *tips* y particularidades para ponerte todo más fácil. Dependiendo del programa que utilices investiga qué opciones tienes para poner marcas, colores, etiquetas y sistemas de gestión de contenido que te faciliten la labor. Estoy seguro de que trabajar así te ayudará mucho, si no, la línea de tiempo te quedará preciosa ☺.

Si esto te parece insuficiente y eres una persona obsesionada con el orden, puedes encontrar infinidad de *plugins* en internet para ayudarte todavía más. Yo no utilizo nada externo a mi programa, pero hay infinidad de aplicaciones que seguro que son buenas y útiles. Para gustos los colores.

CAPÍTULO 4

SINCRONIZAR LOS *PLAYBACKS*

Ahora que ya tienes todo listo para empezar a construir tu videoclip te recomiendo que lo primero que hagas sea sincronizar todos y cada uno de los *playbacks* máster que tienes grabados. **¿A qué me refiero con sincronizar?** Me refiero a que encajes la música con el sonido de los clips que tienes grabados para que la boca del cantante concuerde con la canción máster que te han pasado. Hay muchos programas de edición que tienen una herramienta capaz de sincronizar esto de forma automática en función del sonido y sus frecuencias. Suelen hacerlo bastante bien, pero ten en cuenta que lo que hacen es sincronizar el sonido y no los gestos. ¿Cómo dices, Uli? A veces, los cantantes van un poquito más lentos o un poquito más rápidos que la canción que pusiste en el rodaje, por lo que el sonido te dará igual si tienes que mover 2 o 3 fotogramas el video hacia detrás o hacia delante. Si quieres una exactitud plena te recomiendo que lo hagas de forma manual, yo lo hago así, para que seas mucho más preciso.

Este proceso no es nada complejo y hay muchas formas de hacerlo, pero la fórmula que sigo yo es la siguiente:

- **1º Me fijo en las frecuencias de la canción** y hago una marca justo en el momento en que empieza a sonar. Por lo general, las frecuencias aparecen en el propio clip y tienen este aspecto:

- **2º Me fijo en las frecuencias del *playback* en video**, lo arrastro a la línea de tiempo y hago otra marca en el momento en el que empieza a sonar la canción. Lo mismo que con la canción máster.

- **3º Pongo los dos archivos a la misma altura**, justo donde he puesto las marcas, y los solapo.

- **4º Compruebo que el sonido se reproduce a la vez** en ambos clips.

- **5º Quito el sonido del video.**

- **6º Compruebo la boca del cantante.** Si encaja bien, lo dejo así. Si lleva un poco de retardo o viceversa, muevo el clip de video, fotograma a fotograma, hasta que encaje perfectamente. Es posible que los retardos o derivados en su boca aparezcan de nuevo más adelante. En ese caso, corto y voy moviendo hasta casarlo de nuevo.

- **7º** Cuando he sincronizado un *playback*, **sincronizo todos los demás.** Sean 5 o 17.

Habiendo llevado a cabo esta sincronización empezarás a trabajar cómodamente en montaje. Haya o no haya una historia detrás. Si no hay historia, juega con lo que tienes y ve probando qué es lo mejor hasta dar con un primer montaje del videoclip. Pero como es posible que no sepas ni por dónde empezar, ¡para eso está el capítulo 5!

CAPÍTULO 5

¿CÓMO MONTO TODO ESTE JALEO?

Si ya tienes los *playbacks* sincronizados solo te falta una pequeña cosa... ¡montar todo!

SI HAY HISTORIA, SIGUE EL GUION

Si has diseñado un videoclip con historia, lo mejor que puedes hacer es ir guiándote por la estructura narrativa que tienes escrita. Te darás cuenta de que montar un videoclip con historia es relativamente más rápido que montar uno que está compuesto únicamente por *playbacks*, pues la estructura de montaje ya la tienes hecha desde la preproducción, aunque puedas estar abierto a ciertos cambios. Solo te tienes que ceñir a las pautas que has marcado con anterioridad, ocultando los *playbacks* sincronizados de momento. Hacerlo de esta forma, respetando tu guion, te permitirá tener un primer borrador rápido y sin haber mostrado todavía los *playbacks*. Cuando tengas el primer borrador finalizado puedes estudiar qué planos sobran y cuáles puedes potenciar y, poco a poco, tendrás que ir dando visibilidad a los *playbacks*.

Si en la historia no aparecen los cantantes, utiliza más *playbacks*. Si en la historia participan los cantantes puedes permitirte prescindir de más *playbacks*. Dales protagonismo. Es su canción. De todas formas, todo esto deberíais haberlo comentado con anterioridad para que no haya lugar a dudas.

Conforme tu historia vaya cogiendo forma busca sentido a lo que aparece en pantalla. ¿Tienen sentido los *playbacks* en el lugar donde los has puesto? ¿Concuerda esta acción con la música? ¿Puedes potenciar el estribillo con alguna toma determinada de la historia? O, ¿quizás con la interpretación de los artistas cantando? Piensa que debe tener un sentido lógico que comulgue con la canción. No existe una estructura de montaje fija para casi nada, es una labor muy, muy creativa. Producto únicamente de tu imaginación. ¿Qué te sugiere lo que vas montando? Por poco que sea, tu videoclip deberá transmitirte alguna emoción, si no lo hace, piensa qué estás haciendo mal.

Como ya te he comentado con anterioridad, en cada una de las fases creativas que llevo a cabo, busco despertar en mi interior una emoción, sea cual sea la que quiera generar, pero en mí tiene que aparecer. Si no aparece, recapitulo. Y así hasta que aparezca.

Realmente, la objetividad, en cuanto a labores creativas y emociones se refiere, brilla por su ausencia. Bienvenido a un mundo 100 % subjetivo. Por eso, una buena técnica para comprobar que vas por buen camino, sobre todo cuando estás empezando y no conviene que te guíes por emociones excesivamente personales y poco objetivas, es enseñar tu progreso a tu círculo más crítico y cercano. Fíjate en sus reacciones. Serán más certeras que sus propias palabras. Pide *feedback* constructivo y sincero. Los creadores audiovisuales podrán darte muy buenos consejos a nivel técnico. Un público no profesional te hablará desde el corazón. De lo que siente al ver tu obra. Ten en cuenta que personas así serán los consumidores finales. Muchas veces necesitas eso más que un aporte técnico. Cuando estés consiguiendo generar un sentimiento, ¡sigue dándole caña!

La mejor forma de saber, dentro de este mundo subjetivo, si las cosas van bien es preguntarte lo siguiente: ¿me creo mi historia? Si tu respuesta es un sí rotundo, es posible que vayas bien encaminado. Si ni tú mismo te crees tu historia, piensa qué está saliendo mal o qué es lo que no has hecho bien en las labores previas al montaje. Aprende siempre de tus errores y no te frustres por ello. Probablemente muchos de los fallos que reconozcas en pantalla solo los sabrás tú, pues eres su creador. Si yo te contara lo que soy capaz de detectar en mis videoclips podría escribir una saga de libros solo con eso. ¡Suerte, compañero!

SI NO HAY HISTORIA, ¡SÉ CREATIVO!

¿No hay narrativa detrás de tu proyecto? Bien, probablemente hayas trabajado menos en preproducción y en rodaje, pero ahora te toca hacer lo que no has hecho previamente: ¡currar más!

Si en el punto anterior te animo a seguir el guion y a probar cómo resulta lo que tienes escrito en una pantalla, aquí te animo a seguir la cosa más abstracta de todas: tu cabeza. No busques un sentido excesivo a la consecución de los planos, no hay historia. Tiene que ser algo puramente visual y atractivo que acompañe a la canción de forma magnífica, lo cual ya es un sentido en sí mismo ☺. ¿Qué más da el orden? A no ser que hayas diseñado una localización para cada parte específica de la canción, déjate llevar por lo que tu intuición y formación te sugieran que hagas. Suelta y verás como todo fluye. Se que suena abstracto, pero, en mi caso, cuando he intentado dar un sentido excesivo a un videoclip de este tipo he acabado frustrado y con muchas horas perdidas. Realmente, cuando no pienso en darle un sentido concreto y me dejo guiar por la música, el movimiento, la belleza de los planos y mi sentido común, todo va mucho más rápido.

Ahora voy a decirte algo contradictorio: no buscar un sentido específico hará que el sentido aparezca por sí solo. ¡Toma ya! Inconscientemente, si tienes el apartado creativo lo suficientemente entrenado, empezarás a encajar movimientos, gestos, colores, contrastes y un sinfín de detalles más con los que ni contabas. En ese preciso momento se te encenderá la bombilla y dirás «¡joder! Esto me ha salido sin querer. ¿Y si sigo por esta línea?» y a partir de ahí, sin buscar el sentido, él mismo habrá aparecido para decirte «apunta por aquí y acertarás». Piensa que, con el mismo material, sin unas pautas detrás, diversos montadores pueden crear resultados completamente diferentes. Unos mejores, otros peores y otros igual de válidos. Incluso que parezcan videclips distintos. Lo bonito de esto es que no tienes que seguir un patrón concreto. Deja volar tu mente y confía en ti. Pocos trabajos son tan agradecidos y abiertos como este. ¡Disfrútalo!

CAPÍTULO 6

¡APRENDE DE MÚSICA Y RITMO!

Estás trabajando en la industria musical, esta materia deberías dominarla. En el sector publicitario resulta ser más «perdonable» saltarse a la torera el montaje musical (en mi caso ¡no lo perdono!), pero en la música no, por favor. He visto cantidad de videoclips de gente muy conocida a nivel mundial, superproducciones audiovisuales con imágenes excelentes, directores excelentes, actores excelentes, localizaciones excelentes, etc., que me han fusilado el cerebro cuando he visto la conexión entre la música y la imagen. En ese momento, muteo el video y disfruto solo de la imagen. Qué pena.

Si alguna vez has tocado un instrumento, lo tendrás más fácil. Si has recibido formación musical, lo tendrás más fácil. Si compañeros del sector te han formado, lo tendrás más fácil. Si has decidido aprender por tu cuenta, lo tendrás más fácil. Si no sabes de lo que te estoy hablando, créeme, **estás jodido**.

En realidad, **no estás jodido** del todo. Voy a darte unas sencillas pautas para que tengas en cuenta y puedas hacer montajes musicales como es debido. Para ello, voy a intentar evitar tecnicismos y hablarte como si hubieras aprendido el idioma hace cuatro días, con el fin de que puedas comprender a la primera lo que tienes que hacer.

PRIMERO LO PRIMERO

Tanto si tienes formación musical como si no la tienes, ejercítate viendo muchos videoclips de otros autores. Ten cuidado, no todos los montadores siguen este patrón, así que pon atención e intenta descubrir por qué los cortes y los movimientos son como son. También podrás intentar aplicar las pautas que voy a seguir nombrado a continuación. La exploración y curiosidad dentro de nuestra industria es algo fundamental para crear contenido de calidad.

Puedes ver cantidad de ejemplos de este tipo, pero, si te soy sincero, en la música electrónica se luce especialmente. Te recomiendo ver videoclips del estilo musical *Hardstyle*, será una muy buena manera de aprender.

ADÁPTATE A LA CANCIÓN Y NO AL REVÉS

Ten en cuenta que lo primero que se creó fue la canción, no tu video. Por lo tanto, estás a su servicio. Si por un lado has construido una historia o has diseñado un estilo concreto en base a ella, ¿por qué no hacerlo también en montaje? Es fundamental que lo hagas para que tanto video como música vayan de la mano y el espectador lo perciba como un **todo**. ¿Qué tienes que hacer para adaptarte a ella?

¡Adáptate a su tempo! El tempo musical hace referencia a la velocidad a la que se ejecuta una canción. Si te gusta la música electrónica habrás oído hablar de el concepto BPM (*beats per minute* o pulsos por minuto). Aunque eso exista en todo tipo de música, comento lo de la electrónica porque suele haber festivales que se llaman como el número de BPM que tiene ese determinado estilo musical, de modo que sus fans suelen saber lo que significa.

Teniendo en cuenta esto, adáptate a su velocidad. Es decir, si la música es lenta, ejecuta cortes lentos. Si la canción es rápida y agresiva, utiliza cortes más rápidos y agresivos. Si la canción que montas está a 60 BPM, ni se te ocurra hacer más cortes. Máximo 60 por minuto y, aun así, eso es una burrada. Haz siempre menos que los BPM y, por supuesto, justo antes del *beat* (golpe musical). Luego profundizaré en este concepto.

¿Cómo puedes saber a cuántos BPM va la canción? O se lo preguntas al cantante o buscas en Google un contador de BPM. Puedes probar con esta página:

https://www.beatsperminuteonline.com/

Con esta herramienta serás tú quien, con la canción puesta, vaya marcando todos los *beats* que escuche. Es sencilla de utilizar y bastante efectiva. Te recomiendo trastear con ella.

Las canciones con mayor número de BPM son las que más ritmo suelen tener. Independientemente de los BPM, la canción tendrá partes más tranquilas y otras más cañeras. Por ejemplo, el estribillo suele ser más potente que el comienzo. Teniendo en cuenta esto, puedes hacer más cortes en el estribillo y menos en las partes iniciales o post-estribillo. Pero siempre, siempre, siempre, respetando los BPM. Fíjate mucho en la música con la que estás trabajado, estúdiala y monta en función de su ritmo.

EL COMPÁS MUSICAL

¿Qué es el compás musical? El compás se encarga de dividir el tiempo de una canción en partes iguales, así sabremos cuántos compases tiene una determinada composición y dónde están las notas.

Ahora igual te explota un poco la cabeza, pero no te asustes. Hay diferentes tipos de compases: compás binario de subdivisión binaria (2/4), compás ternario de subdivisión binaria (3/4)… y muchos más. Para que lo entiendas, no hace falta que te quedes con la parte teórica. **Te lo explico fácil:** simplemente comprende que cada X *beats* las canciones cambian su estructura, su estilo o como lo quieras llamar. Teóricamente no se explica así, pero es para que me entiendas rápidamente. Fíjate en una canción que te guste. Si es de 4 por 4, cada 4 *beats* cambiará «su forma». Cuenta en sus golpes musicales:

Un, dos, tres, cuatro / un, dos tres, cuatro…

Cuando llegues al cuarto notarás un pequeño cambio en su forma, en la letra de la canción o en lo que sea. Tu mente entenderá que, cada cuatro golpes hay algo que cambia. ¡Pruébalo! Haz lo mismo con las canciones de 3 por 4, donde tendrás que contar en vez de cuatro *beats*, tres.

Un, dos, tres, / un, dos tres, / un, dos, tres…

Aunque ahora mismo quieras pegarme una paliza, en realidad es muy fácil de entender. Escucha canciones y empieza a probar. Creéme que lo entenderás. Si no, de verdad, escríbeme un email ☺. Te aseguro que no te hará falta.

CUÁNDO HACER EL CORTE

Teniendo en cuenta esta estructura, el ritmo de montaje y demás conceptos básicos de los que ya hemos hablado, pensarás, ¿en qué momento hago el corte? Mucha gente cree que el corte se hace justo en el *beat*, cuando el golpe suena, o de forma aleatoria, cuando apetece, pero no. Hay que hacerlo un poco antes del *beat* y con sentido. Suponte que cortas a ritmo de compás y en un 4 por 4 hacemos un corte cada cuatro *beats*. No cortas justo en el cuarto ni justo en el primero del siguiente. Cortas entre el cuarto y el primero, es decir, así:

Un, dos, tres, cuatro **CORTE** un, dos tres, cuatro **CORTE** un, dos, tres, cuatro…

¿Es compás de 3 por 4?

Un, dos, tres **CORTE** un, dos, tres **CORTE** un, dos, tres **CORTE** un, dos, tres…

Hay diferentes tipos de compás, pero te lo explico con estos dos, que son los más comunes, especialmente el de 4 por 4, para que lo extrapoles a todos los demás.

¿CUÁNTOS CORTES PUEDO HACER EN UN COMPÁS?

Tantos como *beats* tenga el compás. Si tiene 4, puedes hacer 4. Si tiene 3, puedes hacer 3. Eso sí, si haces tantos dará muchísimo ritmo a tu imagen. ¿Quieres tanto ritmo? Igual sí o igual no. Dependerá de en qué parte de la canción estés. Si es el estribillo y quieres meter más caña te animo a que hagas más cortes. Si es el principio te animo a que hagas menos. Pero recuerda lo siguiente: el corte siempre antes del golpe. Lo que hablábamos antes. Si en un cuatro por cuatro quieres darle más ritmo visual y meterle dos cortes en vez de uno deberías hacerlo así:

Un, dos **CORTE** tres, cuatro **CORTE** un, dos **CORTE** tres, cuatro **CORTE**…

Como ves, intento mantener una lógica de múltiplos. Cuatro es múltiplo de dos. Y así con todos los tipos de compases. Si quieres meterle más ritmo todavía, mete un corte en cada *beat*. En alguna ocasión no pasa nada por que te saltes la lógica de múltiplos, pero, por favor, haz el corte bien. Puedes ver como ejemplo todos los videoclips de mi página web, www.ulimorenomontana.com, y si te sabe a poco, puedes ver el resto de los videos que tengo publicados, aunque pertenezcan a sectores diferentes a la música, siempre respeto este patrón.

Estudia ejemplos y comprenderás perfectamente toda esta explicación. Si solo te quedas con la teoría que te he contado, es posible que tengas dificultad para comprenderlo al 100 %. Mira y escucha ejemplos. Pon toda tu atención.

CAPÍTULO 7

SIN UN COLOR INCREÍBLE TU VIDEO IRÁ A LA BASURA

Puede que hayas hecho un buen guion, puede que seas un magnífico director, puede que tengas un sentido musical espectacular y que fragmentes tu video como un maestro cortador de jamón, pero como tu video no tenga un color gestado en el mismísimo Olimpo[17], te animo a que cojas un billete de avión y te vayas muy lejos. Vale, sí, puede que haya exagerado un poco, pero quiero que entiendas que darle un buen look a tu videoclip es la parte final y una de las más importantes de todo el proceso creativo.

¿Has editado alguna vez fotografías en RAW? Si tienes cierta experiencia en la edición fotográfica, un ojo entrenado porque has visto pelis, editado fotos y videos, tienes buen gusto y ciertos conocimientos, te auguro un buen futuro.

---

17 Olimpo: lugar donde vivían los dioses de la mitología griega.

Como recordarás, en capítulos anteriores menciono la grabación logarítimica (LOG), bits de grabación y diferentes cuestiones beneficiosas para trabajar el color. Repasemos un poco lo que hemos visto con anterioridad:

- 1º Si grabas en un perfil estándar o **REC 709** tendrás dificultades para corregir el color, pues este tipo de perfiles están pensados para que no tengas que llevar a cabo la labor de etalonaje. Podrás hacer alguna corrección, por supuesto, pero las posibilidades serán muy limitadas.

- 2º Grabar en **LOG** o en **RAW** te permitirá editar el color con un amplio abanico de opciones. Si quieres obtener colores de película, graba siempre en estos formatos.

- 3º Si además grabas a 10 bits (o más) podrás trabajar con muchísima más amplitud que a 8 bits. La profundidad de color es:

    o 8 bits: 256 colores.
    o 10 bits: 1024 colores.
    o 12 bits: 4096 colores.

  Con cualquiera vas a poder hacer cosas interesantes, pero en la industria profesional se trabaja a 10 y 12 bits.

Si hemos entendido estos sencillos conceptos y, además, los has puesto en marcha, ¡fantástico! Ya puedes empezar la maravillosa labor de etalonaje.

LUTs

¿Qué es un LUT? Es un archivo que se encarga de modificar los colores de entrada para conseguir otros de salida. Es decir, cuando tú aplicas este archivo encima de tu clip o dentro de él, los colores cambian y, a partir de ellos, puedes empezar a trabajar sobre un *look* concreto. Hay LUTs para archivos en REC 709, en LOG, etc., cuya intensidad podrás modificar para etalonar a tu gusto.

La postproducción de color se suele trabajar así, a menos que seas colorista, como profesional independiente, y te dediques a construir colores específicos para proyectos más grandes, como pueden ser películas. Si no, la mayoría de las personas compran paquetes de LUTs o LUTs independientes con los que poder empezar a trabajar (también los hay gratis), sin tener que colorizar directamente desde cero. Hay decenas de distribuidores que los venden.

Estos archivos te ayudan mucho en la labor de corrección de color, pero si no tienes unas nociones básicas de colorización, no te van a servir de mucho.

Yo los utilizo siempre, individuales o mezclando varios, y no los aplico en los clips independientes, uno por uno, como mucha gente hace. Los aplico en una capa de ajuste, encargada de aplicarlo a todos los clips, y a partir de ahí corrijo de forma individual cada uno.

CAPAS DE AJUSTE

¿Qué es una capa de ajuste? Son capas que sirven para aplicar efectos o correcciones concretas en las capas que se encuentran debajo de ella. Es decir, si yo tengo una capa de ajuste encima de todos los clips de la línea de tiempo y hago o pego una corrección concreta en ella, se aplicará a todo lo que esté por debajo, sin necesidad de aplicar una corrección de forma individual. Te enseño un ejemplo:

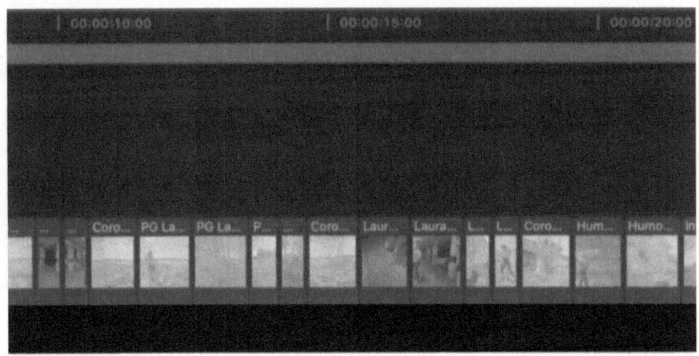

Si te fijas, en la línea de tiempo están todos los clips. Justo encima de ellos hay otra línea, la capa de ajuste que he arrastrado. Si en vez de seleccionar cada video individual, selecciono la capa de ajuste y aplico cambios o modificaciones ahí, se aplican a todo lo demás. ¿Por qué? Porque están debajo. Los programas de edición suelen tener por defecto capas de ajuste para que puedas utilizar. Si no las tienen búscalas en Google. Son gratis ☺.

Cuando hayas arrastrado tu LUT a la capa de ajuste podrás empezar a editar, de forma individual, cada uno de los clips de la línea de tiempo, pues ya tendrán la corrección del LUT aplicada a todos ellos. Te darás cuenta que trabajar de esta forma agiliza mucho la postproducción de color.

HERRAMIENTAS DE COLORIZACIÓN

La mayoría de los programas de edición tienen herramientas de corrección de color. Los *softwares* que te he nombrado anteriormente disponen de estas herramientas. En cada uno de ellos estas utilidades tienen un nombre diferente, en otros son similares y en otros serán iguales. Cambien o no los nombres, las opciones de corrección de color serán muy parecidas en todos ellos y podrás obtener resultados similares. A continuación, voy a enseñarte brevemente las herramientas de Final Cut Pro, que son muy, muy parecidas a las del resto de programas. Lo que quiero que veas es que estas herramientas existen y que te brindan unas posibilidades maravillosas:

- **Tablero de colores:** con esta herramienta podrás jugar con:
    o El color: donde podrás modificar los colores de los tonos maestros, las sombras, los tonos medios y las zonas claras.
    o La saturación: donde podrás modificar la intensidad del color de los tonos maestros, las sombras, los tonos medios y las zonas claras.
    o La exposición: donde podrás modificar la cantidad de luz de los tonos maestros, las sombras, los tonos medios y las zonas claras.

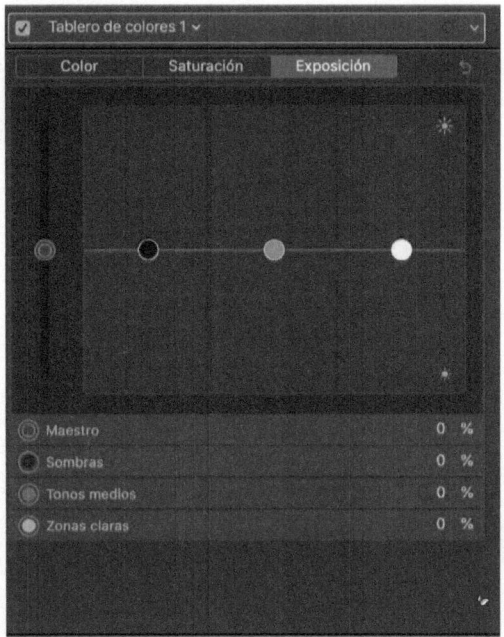

- **Ruedas de color:** con esta herramienta, como verás en la siguiente imagen, puedes jugar con los mismos parámetros que con el tablero de colores. Lo único que cambia es la forma de la herramienta.

    o El color: corresponde al interior del círculo.
    o La saturación: corresponde a la línea del lateral izquierdo.
    o La exposición: corresponde a la línea del lateral derecho.

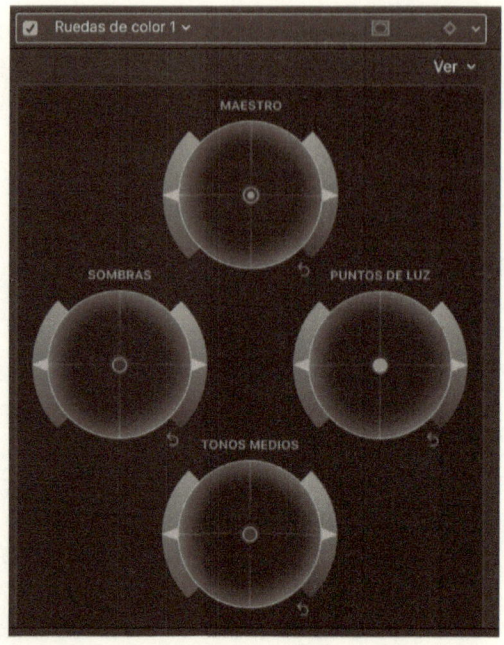

- **Curvas de color:** es, probablemente, la herramienta más compleja de colorización. Nos permiten trabajar en cualquier rango tonal. Puedes hacer todas las marcas que quieras en cada una de las curvas y a partir de ahí trabajar las altas luces, los tonos medios y las zonas más oscuras de tu plano. La parte alta corresponde a las altas luces y la parte baja a las sombras. Por lo tanto, dependiendo de dónde hagas las marcas, trabajarás en punto lumínico u otro. Por definición, puedes trabajar sobre la luminancia y los colores RGB (*red, green, blue*), pero puedes modificarlos y seleccionar el color que prefieras. Son un poco complejas, pero te aseguro que si aprendes mínimamente a utilizarlas son una herramienta poderosa y con muchísimas posibilidades.

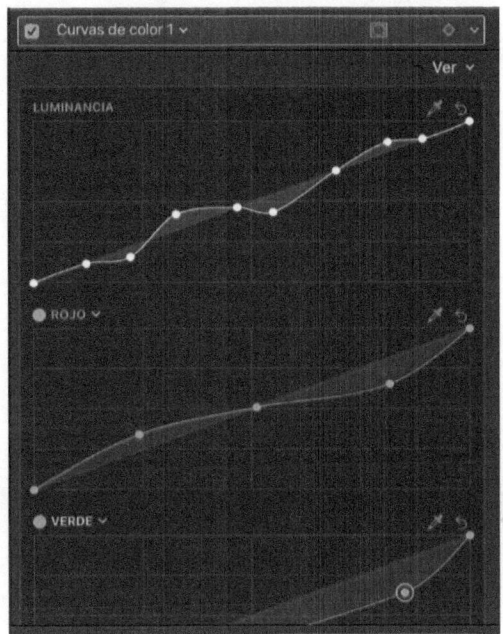

- **Curvas de matiz/saturación:** con esta herramienta podrás tener el máximo control sobre el color de tus clips. Lo bueno de este sistema es que puedes modificar el matiz, la saturación y el brillo de cada uno de los colores que tiene tu plano. Es decir, puedes hacer que los tonos verdes (el césped, por ejemplo) tengan menos luz, se transformen al color azul (o a cualquier otro) y, además, sea un color muy chillón, es decir, muy saturado.

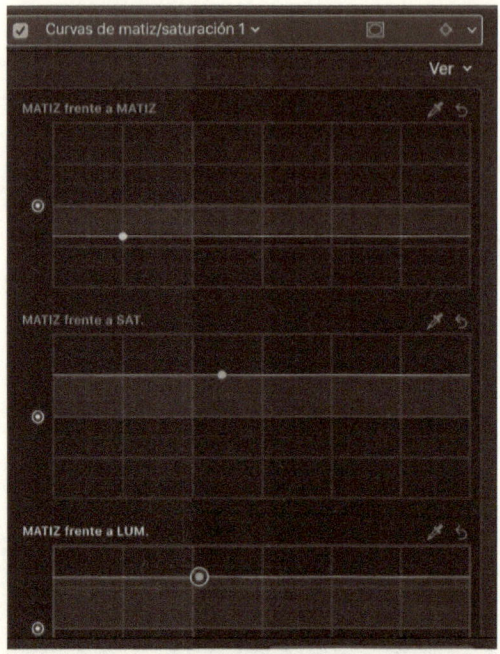

Estas son las herramientas que vas a poder utilizar para dar a tus videos un color de película. Si nunca antes habías utilizado ninguna de ellas te recomiendo que juegues y pruebes, antes de nada. Prueba y error (¡pero sin que sea en un proyecto profesional!). Para seguir aprendiendo te recomiendo, una vez más, que continúes formándote.

Si quieres echarle un vistazo, vuelvo a recomendarte mi curso de corrección de color donde explico todo esto al detalle y te enseño mi sistema de trabajo. Verás cómo colorizo un video a tiempo real y todos los pasos que sigo (www.ulimorenomontana.com/correccion-de-color/).

CAPÍTULO 8

TÚ TE ADAPTAS A LA INDUSTRIA Y NO AL REVÉS

Los tiempos de montaje pueden variar en función de cada proyecto. Lo ideal es disponer del tiempo que te dé la gana para que puedas tratar con el máximo cariño tu proyecto y, si estás trabajando en otros de forma paralela, establecer el orden de montaje que prefieras. En algunas ocasiones será así, pero en una gran mayoría tendrás que ir a contrarreloj. Tanto los artistas como las discográficas suelen ir con bastante prisa. Todo esto no tiene nada de malo. En verdad, cuando adquieras la experiencia suficiente te darás cuenta de que puedes postproducir cada vez más y más rápido, lo cual se traduce en ganar tiempo y dinero. Podrás ejecutar tu trabajo a una velocidad mucho mayor que cuando empezaste.

Por lo general, con los proyectos que me he encontrado he tenido márgenes de una semana para entregar el resultado definitivo. ¿Qué quiere decir esto? Que a mitad de semana debería haber entregado una primera versión para que sea verificada por el artista. Date cuenta de que, si quieren alguna modificación, por pequeña que sea, necesitarás un lapso de tiempo suficiente como para que no te pille el toro.

Si te hablo de tiempos ideales para mí, a día de hoy, te puedo decir que para tratar un videoclip con cariño me gusta disponer de:

- **2 días** para montaje.
- **1 día** para etalonaje.
- **1 día** para dejarlo reposar.
- **1 día** para hacer los últimos visionados y ver si son necesarias pequeñas modificaciones.

Como ves, son varios días para poder mimarlo y dejarlo madurar. Si tengo más tiempo, suelo ampliar los días de reposo. Pero la realidad es que la mayoría de ellos tengo que editarlos y etalonarlos en **dos días**, para que cuando llegue el tercero pueda repasarlo y enviarlo. Es decir, 2-3 días.

Creo que no es necesario dejar que pase más de una semana para que obtengas el resultado que deseas. Si crees que necesitas más, mientras no tengas que hacer algo especialmente complicado y lleno de efectos especiales, es posible que necesites adquirir más experiencia. Tranquilo, todo a su debido tiempo. La industria es la que marca las fechas, no tú. Por eso mismo tienes que estar preparado para batir tiempos que no has tenido que batir hasta ahora. Al principio será un reto, pero ¿no es un reto en sí mismo todo lo que te estoy contando en este libro? Si te gustan los desafíos te lo pasarás bien, pero procura no desesperarte y, sobre todo, disfruta del proceso ☺.

CAPÍTULO 9

NUNCA DEJES DE APRENDER

Aprender del mundo de los negocios y de un sector que evoluciona a una velocidad despampanante tiene que estar en tu lista de prioridades. Una parte muy importante la habrás aprendido a través de los estudios, ya sean bajo un plan formativo académico o bajo el plan formativo que tú mismo te hayas elaborado. Una parte todavía más importante la aprenderás con tu propia experiencia. Todo lo que descubras a lo largo del camino será el cultivo más provechoso y real que te vas a encontrar. También aprenderás de otros compañeros de sector, personas maravillosas que conocerás a lo largo del recorrido y personas que tú mismo decidas buscar y no siempre será fácil encontrar. Libros, seminarios, cursos, mentores, eventos, documentales, películas, etc. El camino del aprendizaje es tan infinito que siempre hay algo nuevo que aprender, por pequeño que sea. Por ello, quiero aprovechar para darte las gracias por haber llegado casi hasta el final del libro (todavía nos queda una sección interesante ☺) y haber decidido aprender de mí. Por eso mismo, me llenaría de ilusión poder seguir contribuyendo en tu formación brindándote mi conocimiento de la forma más práctica, sencilla y fácil de entender posible. La razón de todo esto es que siento una poderosa devoción por ayudar a todos los creadores que necesiten mejorar, quieran aprender, deseen despegar, anhelen vivir de su sueño, amen los negocios, sientan pasión por la música, se derritan con el mundo audiovisual y, sobre todo, tengan un profundo respeto por nuestro sector y su persona.

Antes de pasar a la siguiente sección, la cual pretendo que te sirva como último empujón para convertirte en lo que deseas, me gustaría invitarte a navegar por mi academia online, donde podrás verme en acción, profundizar en todos los aspectos que te he contado en este libro y seguir un sistema de trabajo que a mí me permite vivir de mi pasión.

SECCIÓN 5
SOBREVIVE A LA GUERRA

> Siembra un acto y cosecharás un hábito. Siembra un hábito y cosecharás un carácter. Siembra un carácter y cosecharás un destino.
>
> CHARLES READE

INTRODUCCIÓN

SOBREVIVE A LA GUERRA

Bienvenido a la última sección de *Vive haciendo videoclips*. Uno de los secretos para mantener vivo tu negocio radica en tener en cuenta diferentes situaciones que pueden darse durante el desarrollo del camino, así como acciones que puedes emprender para avivar la llama de tu pasión.

Esta parte del libro la he reservado para mostrarte alguna de las situaciones con las que es posible que te encuentres, consejos para potenciar tu marca y pequeñas dosis de motivación para que nunca dejes que tu energía desaparezca.

He dividido la sección en capítulos muy cortos, estructurados de la siguiente manera:

1º Lidiando: te mostraré diversidad de situaciones incómodas, negativas, embarazosas y poco agradables para que sepas cómo puedes enfrentarte a ellas sin generar conflicto, partiendo del respeto, de la educación y de la fuerza que emana en tu interior.

2º Consejo: *tips* a tener en cuenta para que hagas crecer tu marca, tu persona y tus relaciones laborales.

3º Motivación: pequeñas porciones motivacionales cuya finalidad será poner a tu corazón todavía más flameante, para que arrasar con todo lo que se te ponga por delante y cumplir tus sueños nunca deje de ser tu prioridad.

En cada una de estas tres divisiones te hablo desde un punto de vista 100 % personal y, por supuesto, utilizando ejemplos que yo mismo he vivido para que te sirvan como guía en este apasionante camino.

¡Espero que lo disfrutes!

LIDIANDO 1

HAZME BUEN PRECIO. TE DARÉ MUCHO TRABAJO

Me explota la cabeza con esta frase y sobre todo si te la dice alguien con quien no has trabajado nunca. Amigo mío, es un clásico. Hablas con un cliente potencial que está muy interesado en tus servicios, te pone por las nubes, te ama, te quiere y después de llenarte de elogios te dice algo similar a:

«Pórtate bien con el precio. Después de este primer video haremos más o menos 20 o 30 más, así que vas a tener mucho trabajo»

Si el cliente potencial, además de decirte semejante frase, añade:

«Conmigo te vas a inflar»

¡Huye! Sobre todo, si te dice esta segunda. La gente que sin haberte dado trabajo previo ya te está pidiendo que te rebajes, mal rollo. A la primera frase yo suelo responder:

«¡Wow! ¿Tantos? Estupendo. Si hacemos tantos no te preocupes que te haré un buen precio. Mientras llegamos a esa cifra, mi trabajo vale esto» ☺

Si empiezas a trabajar con la persona de la primera frase, a la cual no conoces, verás que lo más seguro es que no hagas tantos trabajos. Humo.

Siempre suelo hacer escalados y, cuantos más proyectos me dan, mejores precios ofrezco. Para ello hago lo siguiente:

- Si lo proponen ellos lo firmo en un contrato.
- Si lo propongo yo, también.

Cuando llegamos a ese maravilloso número (o a alguno anterior) aplico el descuento correspondiente a los siguientes. Si son músicos con los que ya he trabajado aplico el descuento desde el principio. Pero el contrato deberá estar firmado igualmente. Tienes mil formas, piensa cuál es la mejor para que no se aprovechen de ti.

Recuerda esto:

Nunca rebajes el precio de un primer trabajo porque te prometan muchos más. Si lo que te prometen llega a ser, hazlo, pero sé tú quien lo decida.

LIDIANDO 2

¡HEY! SOY EL TIBURÓN DE LA SABIDURÍA

Antes de nada, atento a estas características:

- Eres un **emprendedor novato** (aunque no tonto). Simplemente, novel.
- Eres **muy joven**. Tienes menos de 30 años.
- No tienes un **porfolio** muy extenso.
- No tienes un remanente de **clientes** importante.
- Tienes **pocos ingresos** todavía.

Vale. Ya has leído las características fundamentales para tener y despertar la inquietud de los tiburones. Por suerte, tanto en este negocio como en cualquier otro, ser un novato suele ser objetivo de caza de más de uno. «Uli, has dicho por suerte, dirás por desgracia, ¿no?». No. Por suerte. Aunque al principio te duela que intenten aprovecharse de ti, créeme que si tienes el respeto, la fuerza y la paciencia necesaria para combatir estas situaciones, saldrás más espabilado que nunca. Lo que venga después será pan comido.

Te voy a dar una serie de consejos para combatir a todas las personas que tienen más experiencia que tú y que intentan quedar por encima de ti. Allá va:

- Si eres novato, tendrás que parecer **experto.** Habla con seguridad, muévete con elegancia, sé firme en tus decisiones, reconoce tus errores, reconoce cuándo no sabes de algún tema, no falles a tu palabra, potencia tu lenguaje no verbal y decide rápido.
- Si eres muy joven, menor de 30 años, tendrá que parecer que tienes la experiencia de alguien de **40.** Seguro que tienes amigos mayores, familiares o alguien que haya pasado por tu situación y te hable de su recorrido. Si no tienes a nadie cercano que pueda hablar contigo, acude a seminarios o eventos donde poder ampliar tu red de contactos. Si no, lee libros de empresarios (esto hazlo de todas formas).
- Si tu porfolio es pequeño, **haz más videos** con gente de tu círculo para que parezca que has trabajado muchísimo. Engorda tu carta de presentación.
- Si no tienes un remanente de clientes importante, tendrá que parecer que lo tienes. Mientras estés con el tiburón finje una llamada con un cliente importante, háblale de tus ambiciosos futuros proyectos, menciona las maravillosas vacaciones que vas a disfrutar para descansar de tanto trabajo, etc. Piensa en cosas que no puedan pillarte de ninguna manera. **Hazte ver grande.**

Si todavía tienes ingresos limitados, bajar tus precios constantemente será signo de que necesitas el dinero. No bajes tu precio sin motivo aparente, respétate a ti y a tu trabajo. No caigas en el permanente regateo. Es mejor ganar 0 € que cualquier dinero mal cobrado. Si no te gusta esta decisión vete a trabajar a la empresa de otro y que te paguen un sueldo fijo. Si emprendes, **respétate.**

LIDIANDO 3

TÚ A CALLAR Y NO MOLESTES

Estoy seguro de que en alguna ocasión vas a encontrarte con el maravilloso ser humano que ni pincha ni corta en el rodaje y tiene el valor de opinar sobre tu trabajo. Puede ser el amigo de un actor, la pareja del estilista o, mismamente, uno que pase por ahí. Aunque normalmente las personas que no son internas al proyecto se limitan a ver, oír y callar sin molestar ni interferir en el trabajo de nadie, siempre hay algún listo que tiene un impulso que le lleva a opinar sin tener ni idea. ¿Te imaginas que por circunstancias del azar te encuentras en una reunión de arquitectos y te dedicas a opinar y a sugerir siendo completamente ajeno a dicho evento y, encima, sin ser arquitecto? En fin.

—Uli, yo grabaría en esa dirección, es más bonita —dice un ser humano que ni pincha ni corta en el rodaje.
—Y yo grabaría hacia donde voy a grabar, que es lo que tengo planteado ☺ —respondo con educación y simpatía.

Automáticamente, el ser humano que ni pincha ni corta, deja de opinar para el resto del rodaje.

THE END

LIDIANDO 4

¿COLABORAMOS A CAMBIO DE NADA?

JE, JE. Pon atención. Cuando te empieces a dar a conocer es muy probable que diferentes artistas locales o personas que tienen tres trabajos, un gato, dos perros, una madre que les hace croquetas semanalmente y que, a veces y solo a veces, tocan en algún garito dos o tres canciones que no son ni suyas, te manden un mensaje a tus redes sociales diciendo algo así como:

¡Hola! Hemos visto tu trabajo y ¡es impresionante! Te escribimos porque somos un grupo bastante conocido de la ciudad y nos gustaría proponerte una colaboración. No tenemos mucho dinero para invertir en audiovisual, pero nos gustaría crecer y hacer crecer a todos aquellos que apuesten por esto. ¿Qué te parecería hacernos un videoclip? Con todos los gastos pagados, claro. A cambio te daríamos difusión, te mencionaríamos en los locales donde cantamos, aparecería tu nombre en el videoclip, etc. Tenemos expectativas muy altas para YouTube. Estamos seguros de que con tu trabajo nos dispararíamos todos como la espuma. Antes de nada, échale un vistazo a nuestra web:

www.sinvergüenzas.com

Un abrazo!

Después de leer el mensaje cotilleas a los artistas y ves que en su canal de YouTube los videos tienen una media de 450 visualizaciones, 10.000 seguidores en Instagram (con una media de 40 *likes* por foto = seguidores comprados), 29 oyentes mensuales en Spotify y los integrantes tienen una media de 43 años cada uno.

¿Has tenido alguna vez gastroenteritis? Bien, si nunca has tenido, este día será el primero.

Como te he explicado anteriormente, ni con más de 40 millones de visualizaciones en Youtube (ni con artistas muy famosos) me llueven las propuestas, ni el dinero, ni los coches, ni nada por el estilo. Nadie te regala nada. Y las colaboraciones, a no ser que sean realmente interesantes, especialmente para tu caché, no sirven para nada. He recibido cantidad de propuestas de este tipo después de haber sumado más de 7 millones en YouTube, ofeciéndome lamentables 5.000 visualizaciones. ¿Cómo se te queda el cuerpo? Descompuesto.

Ten en cuenta que si viven de la música no te van a pedir colaboraciones. Te podrán intentar regatear, abaratar o negociar (si hacen eso, también mal plan), pero no te pedirán que trabajes gratis a cambio de nada. Este tipo de colaboraciones son, básicamente, colaboraciones en las que ganan ellos y a ti se te queda cara de tonto. **No las aceptes.** Recházalas con elegancia y educación. No te embrutezcas. Piensa en tu imagen, interesados hay en todas las esquinas. ¡Son una plaga! ☺

LIDIANDO 5

PÍDELE QUE COLABORE, ASÍ AHORRO

Vale, vale, vale. Es posible que tu artista te pida que le pidas a otra persona que trabaje gratis, así solo te paga a ti y se ahorra un dinero. Esto solo ocurrirá si eres tú la persona encargada de conseguir personal. ¿Y si se lo dice él? Ir de parte de alguien famoso puede ser divertido, pero pedirle a la gente que trabaje gratis cuando tú estás cobrando puede hacer que tu reputación acabe por los suelos. **Si tú cobras, el equipo cobra**. Fin. Por lo menos si del equipo te encargas tú. Si se encarga el músico, él sabrá.

Si vas a pedir a alguien una colaboración a cambio de algo (ojo, puede ser una colaboración muy interesante), asegúrate de ser tú también un colaborador o de que la colaboración tenga una razón de ser más allá de no querer pagar. Si tú no estás cobrando porque has decidido colaborar, proponlo si quieres. Pero deja muy claro que ahí no está cobrando nadie, **estáis colaborando todos** por alguna razón muy, muy interesante. Piensa en tu reputación y acertarás.

La gente, al igual que tú, tiene una especialidad y esa especialidad es su trabajo. Págalo y haz que esas personas disfruten de su profesión, al igual que tú lo quieres/haces con la tuya.

LIDIANDO 6

¡NO QUIERE DAR SU BRAZO A TORCER!

Existe una estrategia muy lamentable en negociaciones que consiste en ejercer presión sobre una de las partes, estando el interesado en su territorio con su gente delante. De esta forma puede conseguir que la otra parte se sienta observada, intimidada y presionada con el objetivo de que termine cediendo ante sus peticiones. Si la víctima de esta presión, que por culpa de esta estrategia ha terminado aceptando lo que sea, días más tarde se arrepiente y muestra su rechazo, el tiburón utilizará una frase del tipo «ya dijiste que sí, no falles a tu palabra y sé serio».

En cuanto detectes que te atacan por esta vía, aunque tengas a una persona muy importante delante, expón tu deseo de mantener la conversación en privado, en un lugar apropiado para ello. Si sigue insistiendo, comunica que consideras fuera de lugar lo que está sucediendo. Si ante tus educadas peticiones mantiene su agresiva postura, levántate y vete.

Voy a contarte una historia real, que me pasó hace unos cuantos años, al principio de mi actividad audiovisual:

Estábamos tres personas, mi cliente (el tiburón), otro proveedor y yo, sentados en un sofá de su local hablando de cómo habían ido los últimos (y escasos) proyectos.

—Uli, vienen cosas grandes —me dijo el tiburón—. Me gustaría que me bajes el precio para los siguientes videos. Te voy a dar mucho trabajo y te vas a inflar.

Como ves, aquí estoy mezclando este «Lidiando 7» con otros que ya he comentado. Puede que te toquen varios en uno. ¡Bingo! ¡A poner todo en práctica!

—Bueno, todavía no sé ni cuántos vamos a hacer así que ya hablaremos —respondí.
—¿Ves? —dijo el tiburón mirando al otro proveedor—. El cabrón nunca quiere dar su brazo a torcer —dijo riendo.

Empecé a notar al proveedor tenso, una persona que no pintaba nada en una conversación de este tipo.

—No creo que sea el momento de hablarlo —expuse.
—¿Por qué no? ¡Si te estoy contando que vienen un montón de cosas! —me contestó—. Hay que estar al servicio de Uli, macho, y mira que le estoy dando cosas —dijo dirigiéndose de nuevo al proveedor.
—Tengo que irme, luego te llamo —respondí serio y tranquilo y me fui.

Más tarde le llamé y le dije que su comportamiento me pareció lamentable, que no volviera a ocurrir. Lo hice sin el proveedor delante. Se disculpó a regañadientes. Como supondrás, esta historia no acabó bien con el paso del tiempo. Las relaciones tóxicas cuanto más lejos ¡mejor! Eso sí, como te toque alguna vas a aprender un montón ☺.

LIDIANDO 7

VOY A PEDIRTE COSAS RARAS PORQUE SOY EL MEJOR

Pon atención a esta maravilla poco común. Es raro que te pase, pero como a mí me ha pasado puede que a ti también.

—Hola, Uli —me saludó el artista (con quien ya había trabajado) por teléfono—. Vamos a preparar un evento musical y queremos hacer un video promocial espectacular y muy íntimo, a la altura del evento.
—¡Perfecto! ¿Qué necesitáis? —respondí.
—Para ahorrar en actores, hemos pensado que te puedes grabar con tu novia, ya que tenéis los dos buena imagen, haciéndoos caricias, dándoos besos, abrazos, tú quitándote la camiseta, por ejemplo, y que se te vea la espalda, etc., para hacer un video brutal para el evento —me explicó muy convencido.

Después de escuchar esa propuesta, mis neuronas empezaron a chocar unas con otras, como te puedes imaginar.

—Entiendo. Aunque estoy pensando en grabarte a ti con tu novia y hacer lo mismo – respondí–. ¿Te parece?
—Hombre, Uli, tenemos que dar una imagen —dijo el artista.
—Exactamente igual que Laura y yo —repliqué.

Después de esa conversación, nunca más volví a trabajar con el artista en cuestión.

Surrealista, ¿verdad? Este tipo de cosas creo que son poco frecuentes, pero pueden pasar. En este mundillo hay personas que se creen personajes que no son, sobre todo, artistas que no son nadie y se creen alguien, y encima creen que tienen el derecho de pedirte lo que les venga en gana. Cuando trabajes con gente de verdad podrás saborear la inmensa diferencia. Eso sí, si tú pides humildad y sentido común, nunca pierdas tus valores. **Sé buena persona** ☺.

CONSEJO 1

SI TE EQUIVOCAS, RESPONSABILÍZATE

Supongamos que, desgraciadamente, algo sale mal. Lo que sea. Un rodaje desastroso, te roban el equipo, pierdes la tarjeta de memoria, tu ordenador explota, etc. Pase lo que pase, si no es culpa de tu cliente, es culpa tuya. Entiéndelo así. Si tratas de justificar un error tuyo de forma constante, la persona que tienes delante lo interpretará como una actitud defensiva, lo que puede generar un conflicto de lo más desagradable. Dale la vuelta a la tortilla y piensa en cómo te gustaría que reaccionara tu proveedor audiovisual si algo así ocurriera. Responde esa pregunta y sé justo.

Tienes que hacerle la vida más fácil a la gente. Si se la complicas, por bien que quede el resultado, no querrán trabajar más contigo. Si te equivocas, toma una decisión certera para contrarrestar el daño infligido. ¿Cómo? No puedo responderte a eso. Puede que ocurran mil cosas y serás tú el que deba tomar la decisión. Si en ocasiones dudas sobre cómo responsabilizarte, tranquilo, la experiencia te lo enseñará.

¿Te ha pasado alguna vez que estás cenando en un restaurante y que todo es un desastre? Te quejas y el camarero de turno te pregunta «¿quieren que les devolvamos el dinero?». ¡Eso no se pregunta! O lo devuelves o no lo devuelves, pero no lo preguntes. **Re-suel-ve.**

CONSEJO 2

COSAS QUE TÚ NO TIENES QUE PAGAR

Aparte de lo que cobras por hacer tu trabajo, hay una serie de cuestiones que, por evidentes que sean, conviene recalcar que no eres tú la persona encargada de pagarlas, sobre todo si hablamos de los días de rodaje. Es decir, fuera de tu presupuesto hay un presupuesto extraordinario. **Los gastos adicionales** van siempre, a menos que esté recogido por contrato lo contrario, a cargo del cliente:

- **Transporte:** la gasolina de tu coche, el tren, autobús, avión, taxi, etc.
- **Dietas:** desayuno, comida, cena, etc.
- *Parking*: si el estacionamiento no es gratis, ya sabes.
- **Intérpretes:** actores, bailarines, extras, etc.
- *Atrezzo*: decorados, objetos, etc.
- **Alquiler de localizaciones:** platós, escenarios, etc.
- **Modificaciones adicionales del video:** por contrato deberías fijar hasta dónde tu cliente puede hacer cambios, así evitarás que estos duren eternamente. Al pasar ese límite tu cliente deberá pagar lo que

corresponda. Respeta tu tiempo, aunque sean 30 minutos extra, es tiempo que podrías emplear en disfrutar con tu familia.

CONSEJO 3

¿LAS PÁGINAS WEB SIRVEN DE ALGO?

Sí. Está genial que tengas unas redes sociales preciosas (Instagram, Facebook, LinkedIn, etc.), pero tener una página web te aportará seriedad de cara a tus clientes potenciales.

Todas las personas o empresas serias tienen una. Es el escaparate de tu negocio. Incluso muchos cantantes tienen página web, como escaparate también. Creo que es muy importante que inviertas un mínimo de dinero en tener tu contenido organizado, distribuido y cuidado para que los clientes puedan navegar por tu marca sin tener que volverse locos buscando en tus redes sociales.

Distribuye el contenido de forma que lo primero que se vea esté dedicado a aquellos que no van a invertir mucho tiempo a navegar por tu web.

Como es normal, crear una página web cuando tienes un porfolio pequeño y acabas de despegar, no tiene mucho sentido. Para lanzarte a ello te recomiendo que tengas cierto recorrido para poder mostrar lo que más te interesa. No satures tu sitio web con mil videos. Con enseñar una cartelera razonable será suficiente para que tus futuros clientes sepan con quién se juegan los cuartos.

CONSEJO 4

SE VAN A PONER CARIÑOSOS

¿Vas a rodar escenas íntimas? ¿Has planteado en tu guion alguna escena subidita de tono? Independientemente de que los intérpretes sean unos profesionales de los pies a la cabeza, te recomiendo que mientras diriges esta parte esté contigo el mínimo número de personas posible. Esto dará a los actores un ambiente más íntimo y favorecerá la consecución de la escena. Ten en cuenta que puede resultarles un poco incómodo, aunque no te lo digan por orgullo. Incluso tú es posible que te sientas un poco más tenso que rodando otro tipo de escenas.

Después de quedarte solo con las personas que vayan a interpretar este tipo de escenas, oblígate a darles la máxima confianza posible. Tu papel aquí es fundamental para conseguir que los personajes desarrollen su cometido y que empiece a florecer el amor, aunque sea ficcionado, así que, ¡pon interés!

Es probable que necesites hacer varias tomas para que, poco a poco, se vayan sintiendo más cómodos (y tú también). A partir de ahí, haz lo que mejor sabes hacer: ¡dirigir!

CONSEJO 5

CON CLIENTES BUENOS ¡CEDE!

Al igual que te digo que te opongas a las estupideces de clientes que sean malos pagadores, interesados o, directamente, idiotas, te recomiendo que si en tu cartera de artistas tienes gente maravillosa que se porta bien contigo, te pagan rápido, colaboran en todo lo que pueden o te dan un gran volumen de trabajo, cedas.

Ceder mantendrá viva y dispuesta vuestra relación, siempre y cuando eso sea algo mutuo. Abre tu mente con clientes de este tipo. Aunque en alguna ocasión tengas que invertir más tiempo en satisfacer ciertas necesidades, a largo plazo te darás cuenta de que el esfuerzo es recíproco. Como digo, siempre y cuando esto sea mutuo y el negocio se haga entre buenas personas.

Te puedo asegurar que, más allá de los términos económicos, cuando coincides con buenas personas hay otras muchas cosas que prevalecen, como la ilusión, el buen ambiente, la relación, etc. Cuestiones que pondrán el dinero en un segundo plano, siempre y cuando eso no haga que termines trabajando gratis como si fueras una ONG. **Valora el equilibrio.**

CONSEJO 6

CUIDA DE TU RELACIÓN

Si crees que al terminar tu proyecto lo entregas y cobras, olvidándote de todo lo demás, déjame decirte que estás muy equivocado. Tengas o no más proyectos con el artista, preocúpate de mantener activa vuestra relación. Con esto no quiero decir que seas un pesado, pero conviene que de vez en cuando le llames para preguntarle qué tal está, muestres interés por sus proyectos, por su familia, le felicites la Navidad, escribas comentarios en sus *posts* de redes sociales, le cuentes ideas nuevas, etc.

Pensar que al terminar un proyecto te puedes despreocupar y esperar a que, por ser un *crack*, tu cliente te vuelva a llamar, es un poco peligroso. Si quedó contento es muy probable que te llame, pero si te encargas de mantener activa vuestra relación a lo largo del tiempo tus posibilidades de seguir trabajando con él se multiplicarán.

Esto es como en todo. Las relaciones que se enfrían tienden a terminarse. Me da igual que sea con los amigos, con la familia, con la pareja o, como en este caso, con los clientes. Si comprendes el valor de este consejo **¡no dejes que la llama de vuestra relación se apague!**

CONSEJO 7

LLÉVATE BIEN CON TU COMPETENCIA

Muchas veces tendemos a ver a nuestra competencia como si fueran nuestros enemigos o como si estuviéramos en una competición para ver quién es mejor. Tener la cabeza llena de cosas negativas respecto a ellos hará que, antes o después, explotes. ¿Por qué no ser su amigo? Si ser amigos te parece demasiado, ¿por qué no ser buenos compañeros? Al final os dedicáis a lo mismo, pero seguro que hacéis cosas diferentes. Tus clientes trabajan contigo porque les gusta tu trabajo y los clientes de tu competencia opinan lo mismo de ellos.

SI NO SALE DE ELLOS, QUE SALGA DE TI

Llámalos o escríbelos. Preséntate y propón tomar algo con ellos, en un bar o en vuestros respectivos lugares de trabajo. Conocerlos hará que tomes conciencia de la persona que se encarga de llevar a cabo cada producción, por lo que verás el lado más humano que hay detrás.

Entrar en una dinámica relacional positiva contribuirá enormemente en que no tengáis intención de pisaros, en que podáis ser soporte mutuo en caso de duda, ayuda en caso de emergencia y una puerta abierta ante una posible sinergia en el futuro. Nunca se sabe. Pero conocer a las personas que están detrás de otras producciones seguro que te abre más puertas que si no las conoces. ¡No seas tímido!

Para que te hagas a la idea yo tengo muy buena relación con diferentes productores de mi ciudad, con más de siete, quienes tienen sus respectivas marcas. En ocasiones nos damos *feedback*, hacemos comidas o cenas, nos dejamos material en caso de emergencia y si alguno necesita personal para proyectos más grandes, contamos los unos con los otros. Cada uno ejecuta su trabajo de forma distinta, con estilos distintos, con material distinto y con una infraestructura diferente. Preferimos vernos como apoyo más que como enemigos. Lo cierto es que con unos tengo más relación que con otros, pero la cuestión es que hay un mínimo de relación. Sobre todo, de **respeto**.

CONSEJO 8

OXIGENA TU MENTE

Trabajar mucho está bien, especialmente si facturas bien. Pero a veces, trabajar menos y descansar más puede dotar a tu mente de mayor creatividad y, por supuesto, de mayor facturación. Al final, si te pasas el día trabajando no tienes tiempo para pensar ni para darle un respiro a esa cabeza alborotada que llevas sobre los hombros. Por estúpido que pueda parecerle a mucha gente, pensar forma una parte muy importante dentro del mundo audiovisual, del mundo creativo y, en especial, del emprendimiento.

Ten muy claro que si llegas a vivir de tu sueño es porque has pensado mucho, llegando a convertir algo intangible en tangible. Si no dedicas el tiempo suficiente a descansar y a pensar, es muy complicado que aceleres tu progreso.

—¿Qué tal? ¿Qué has hecho hoy? —pregunta un amigo a otro.
—Meter horas extra como un cabrón, que me quiero ir de vacaciones —responde el otro—. ¿Y tú?

—Pensar —dice mostrándose relajado.

—Cualquiera vive como tú, macho —replica sin poner en valor el maravilloso poder del pensamiento—. ¿Qué piensas?

—Estoy pensando en cómo hacer para trabajar menos e irme de vacaciones más. Cuando sepa cómo, lo haré —☺.

CONSEJO 9

CONTESTA A MENSAJES Y COMENTARIOS

Cuando empieces a crear y a publicar contenido recibirás mensajes privados o comentarios de tus seguidores y otras personas que, por pocos que sean, te escribirán para transmitirte qué les parecen tus obras. Normalmente, si haces las cosas bien, recibirás mayor número de comentarios positivos que de negativos. Procura responder siempre a dichos mensajes y comentarios.

No hay cosa que más ilusión le haga a un creador de cualquier tipo que recibir buen *feedback* por parte de la gente. Es algo realmente gratificante. Valora el tiempo que invierten esas personas en agradecer tu trabajo y establecerás una mínima relación digital, lo que convertirá esas pequeñas acciones en futuros comentarios o mensajes. Estar presente en la vida de las personas es muy importante en esta profesión. Ya no solo por el *feedback* que recibas de su parte, sino porque estarás presente en sus conversaciones con personas que no conoces.

No importa el tamaño que tenga tu comunidad, intenta contestar a todos los que puedas. Evidentemente será más fácil responder a algunas decenas de personas que a varios miles. Entra dentro de lo normal que si tu comunidad se mueve en volúmenes muy grandes no puedas responder a todos y quizá baste con compartir sus comentarios o publicar un post de agradecimiento a todos aquellos que están hablando bien de ti. Si consigues llegar hasta ese punto de influencia, felicidades, algo estás haciendo bien.

¿Y si recibes comentarios o mensajes negativos? Si no tienen intención de hacer daño sin motivo, intenta sacar la parte positiva del *feedback*. Te ayudará a mejorar. Responde siempre con educación. Para gustos están los colores y más en un mundo tan subjetivo como este. Hay infinidad de opiniones por ahí.

Si el *feedback* que recibes es únicamente destructivo, con ánimo de ofender, directamente puedes eliminarlo y pasar página. Personas con ganas de fastidiar hay muchas, pero por suerte hay más personas con ganas de agradar.

MOTIVACIÓN 1

EL MIEDO TE HACE CRECER

Venga, ya sea tu primer proyecto o el proyecto número 37, si ves la oportunidad de hacer algo más grande, más ambicioso y mejor, ¡hazlo!

Confiar en ti te hará crecer y darte cuenta de que tienes capacidades que desconocías. Si nadie te plantea proyectos más grandes, plantéalos tú. Tírate a la piscina. Busca todo aquello que te dé cierto miedo y que esté a tu alcance. Si te plantean algo nuevo y encima es más ambicioso que todo lo que has hecho hasta el momento, di un sí rotundo, siempre y cuando sepas que, en cierta manera, vas a poder resolverlo. Si en ese momento te faltan medios o careces de experiencia para hacerlo te voy a dar una solución: consigue los medios y acelera tu experiencia. ¿Cómo acelerar la experiencia? Haciendo lo que nunca antes habías hecho. Fácil ☺.

Lo que te hará crecer en este sector, y en cualquier otro, será enfrentarte a todo aquello a lo que no te habías enfrentado previamente y el miedo será la respuesta para saber que estás creciendo. Si tienes claro este concepto podrás dispararte como un cohete.

**Si no hay miedo, hay confort.
Si hay confort, no hay crecimiento.
Si no hay crecimiento, te estancas.**

MOTIVACIÓN 2

MUESTRA TU LUZ Y ENERGÍA

Entiendo que si te dedicas a esto es porque sientes una profunda vocación por darle vida a la música. Si consideras este trabajo un *hobby*, quiero pensar que lo ejecutarás con infinita pasión. Puede que hagas mejor o peor contenido, pero no te olvides de que, por lo menos a día de hoy, trabajas con personas y no con robots. Mostrar la energía que te produce crear contenido audiovisual es fundamental para que tus clientes quieran ir contigo hasta el fin del mundo. Incluso si tienes entre manos una historia de lo más básica, como seas capaz de transmitir la pasión suficiente por ella tus clientes querrán apostar por ti.

Imagina a una persona explicando su proyecto con apatía, desidia y desconfianza, pero entre manos tiene la mejor idea del mundo. Por otro lado, ves a otra persona que tiene una idea sencilla y la pasión que muestra por explicar cada detalle es capaz de cautivar a su oyente de tal forma que no necesite seguir escuchando para decir un rotundo SÍ. Estoy seguro de que si piensas en estos ejemplos puede venirte alguien que conoces a la cabeza. ¿Con quién te irías antes? ¿Con el apático o con el apasionado?

Tu pasión es tu luz.

MOTIVACIÓN 3

NO TRABAJES NUNCA

Antes de empezar con esta última *Motivación* me gustaría recomendarte leerla con la canción con la que la he escrito, *Twelve Titans Music – Weightless*. Así podrás añadir una dosis extraordinaria de dopamina a tu cerebro ☺.

He querido dejar este último capítulo para explicar el concepto **más importante de todos** los que te he explicado en este libro. No es un concepto técnico, ni tampoco audiovisual, ni por supuesto musical. Es un concepto que nace desde lo más profundo de cada uno de nosotros.

En mi segundo año de universidad, me tocó hacer un ensayo para una asignatura y decidí hablar sobre lo que significaba para mí el mundo laboral. Concluí mi texto de la siguiente forma:

Creo que es fundamental convertir tu trabajo en tu pasión. Monetizar tu sueño. Vivir sin desear que llegue el fin de semana. Saber que las personas se emocionan por lo que eres capaz de hacer y eso les sirva de ejemplo. Ganarte la vida haciendo lo que más te gusta y tener la maravillosa sensación de **no tener que trabajar nunca.**

Cuando la profesora me entregó el ensayo corregido escribió una anotación justo en esa parte. Decía así:

¡Me ha gustado mucho tu ensayo! Ojalá algún día llegues a conseguirlo, pero no te olvides de que el trabajo es trabajo, no ocio.

Años más tarde, cuando empecé a monetizar mi pasión algunas personas me decían que en mi sector era más fácil vivir de ello que en los suyos. Y que aún así no es posible que siempre te guste todo lo que haces. Que siempre estarás a disgusto con algo, porque el trabajo es así.

¿Tienes pareja y estás enamorado? ¿Cuánto tiempo lleváis juntos? ¿Uno?, ¿tres?, ¿diez?, ¿veinte años? Seguro que alguna vez te han dicho algo como:

La magia solo dura al principio. Luego todo se estanca y se vuelve monótono.

¿Cómo reacciona tu cabeza ante tales afirmaciones? Creo que ya sabes por dónde voy si estás o has estado enamorado alguna vez ☺.

—¡Tío! Qué putas ganas tengo del viernes, no te lo puedes ni imaginar.
—¿No estás a gusto en tu trabajo?
—A veces sí y a veces no. Preferiría no trabajar. Así que a ver si llega ya el viernes. ¿Tú qué?
—¿De qué?

—Si no tienes ganas del viernes.
—Me da igual.
—Hombre, supongo que preferirás que sea viernes que lunes.
—Me da igual.
—¡Venga ya! La ilusión del principiante…

Este tipo de conversaciones se empezaron a repetir conforme iba creciendo.

—Uli, lo dejé con mi expareja porque ni me entendía ni me apoyaba.
—Joder…
—Me decía que dejara de tener pajaritos en la cabeza. Supongo que inconscientemente la hice caso y dejé mi pasión durante años. Hasta que me cansé, la dejé y volví a intentarlo. Quería apostar por ello una vez más.
—Admirable, hermano.
—Ahora vivo de lo que siempre he soñado y mi mujer actual **me apoya**. No me sobra el dinero, pero para mi **no es trabajo**. Disfruto de cada día, aunque como en todo pueda haber algún día malo, ¿sabes? Yo lo he decidido.
—Sé de lo que hablas y eso que tú tienes muchísima más experiencia que yo. Qué bien nos entendemos, amigo.

Esta conversación la tuve con un productor musical tiempo después, mientras me llevaba en su coche al hotel donde me alojaba.

—¿Puedo hacerte algunas preguntas que me interesan?
—¡Claro!
—¿Siempre te despiertas con ganas de trabajar?

—Sí.
—¿Siempre? ¿Todos los días?
—Sí.
—Imposible. ¿Me estás diciendo que todo lo que haces no te da ningún problema y que siempre te hace feliz? ¿Qué no tienes días malos?
—No. **Te estoy diciendo que siempre me despierto con ganas de hacer mi pasión.**

No confundamos un término con otro. Piensa en alguien que quieras mucho. ¿Lo tienes? Bien. Seguro que tenéis días buenos y días malos. Pero para que todo salga adelante tiene que haber algo superior. El amor, las ganas, la pasión y la motivación. Si alguno de estos sentimientos falla por un largo periodo de tiempo, la llama empieza a apagarse.

—¿Qué es lo que más valoras de tu trabajo?
—El tiempo.
—¿Cómo que el tiempo?
—Sí. **El tiempo que no me roba nada que no ame.**
—¡Wow! Qué profundo.
—Solo hago lo que me gusta. **Si no me gusta, no lo hago.**
—Ya, pero eso no es fácil.
—Yo no he dicho ni que sea fácil ni que se pueda hacer desde el principio. Solo digo que **se puede hacer.**
—¿Cómo?
—Te respondo con una pregunta. ¿Cuánto tiempo has dedicado a pensar en cómo no trabajar nunca más?
—No sé. No me he parado a pensarlo.
—**Ahí tienes la respuesta.**

Amar tu pasión no significa que no haya momentos difíciles, que en ocasiones no quieras tirar la toalla o que no necesites descansar. Significa que por encima de todo existe algo mucho más grande. Algo que te da fuerzas cada día para disfrutar de lo que tú mismo has conseguido. Ese algo tiene nombre y se llama:

Amor por la vida.

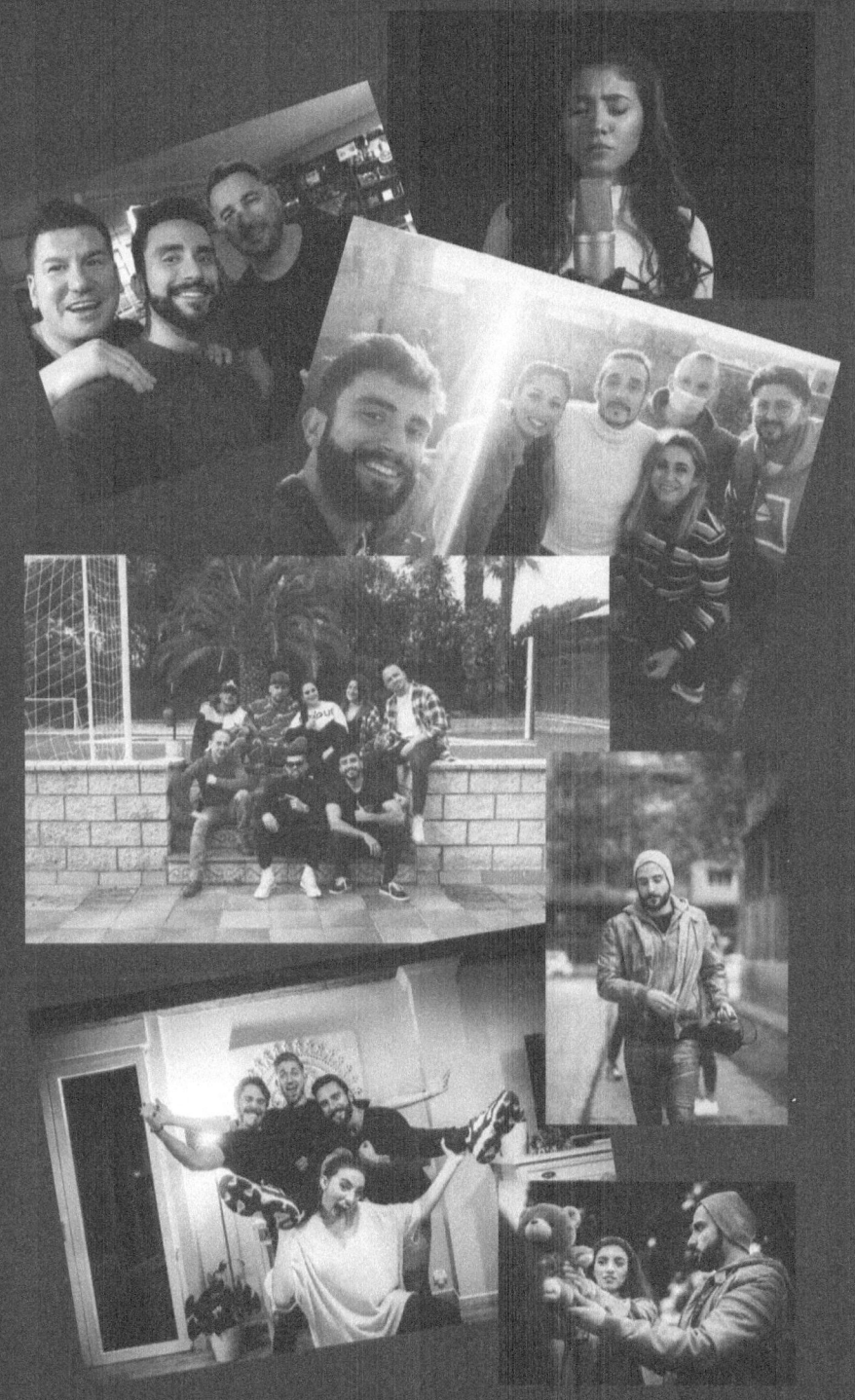

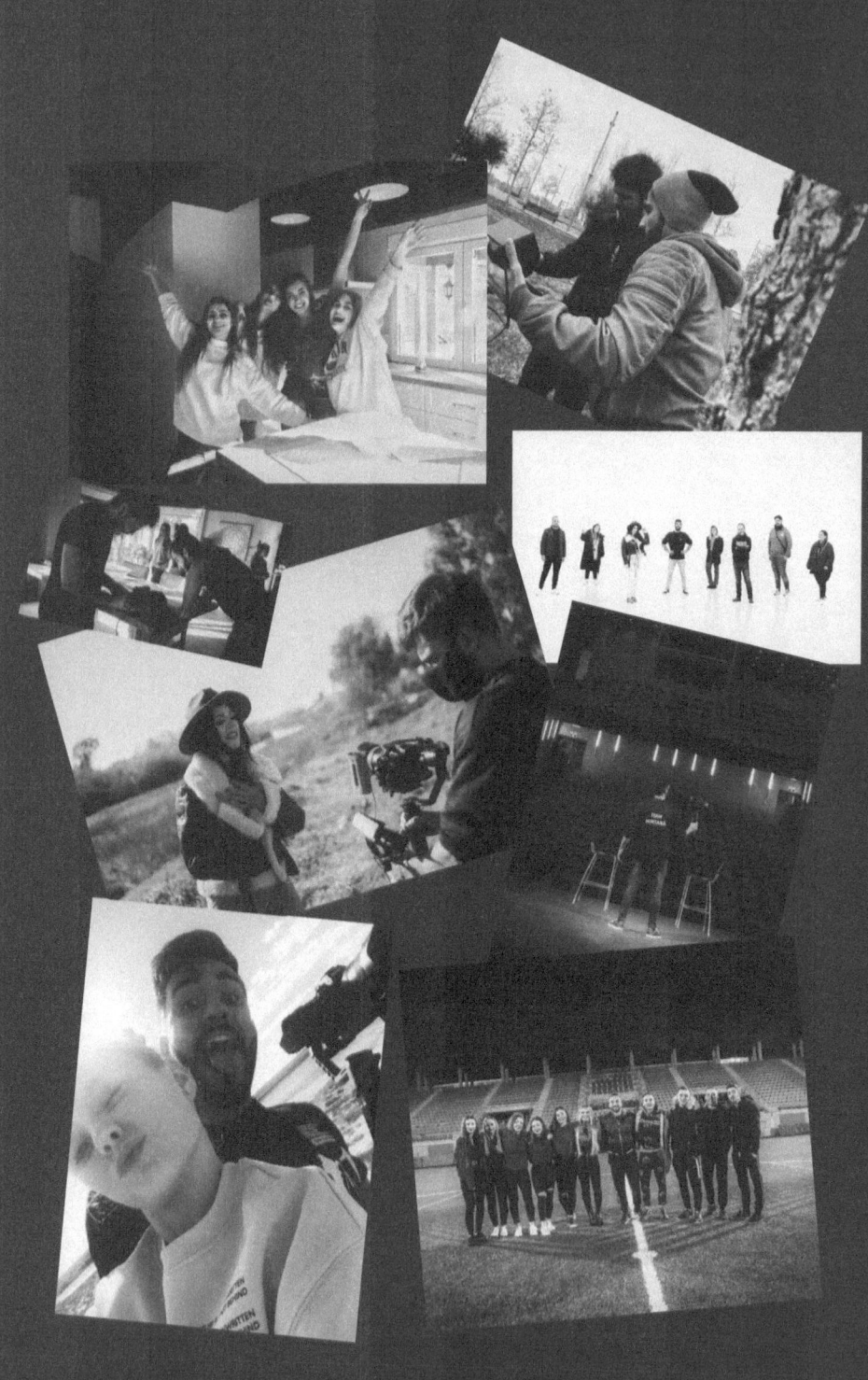

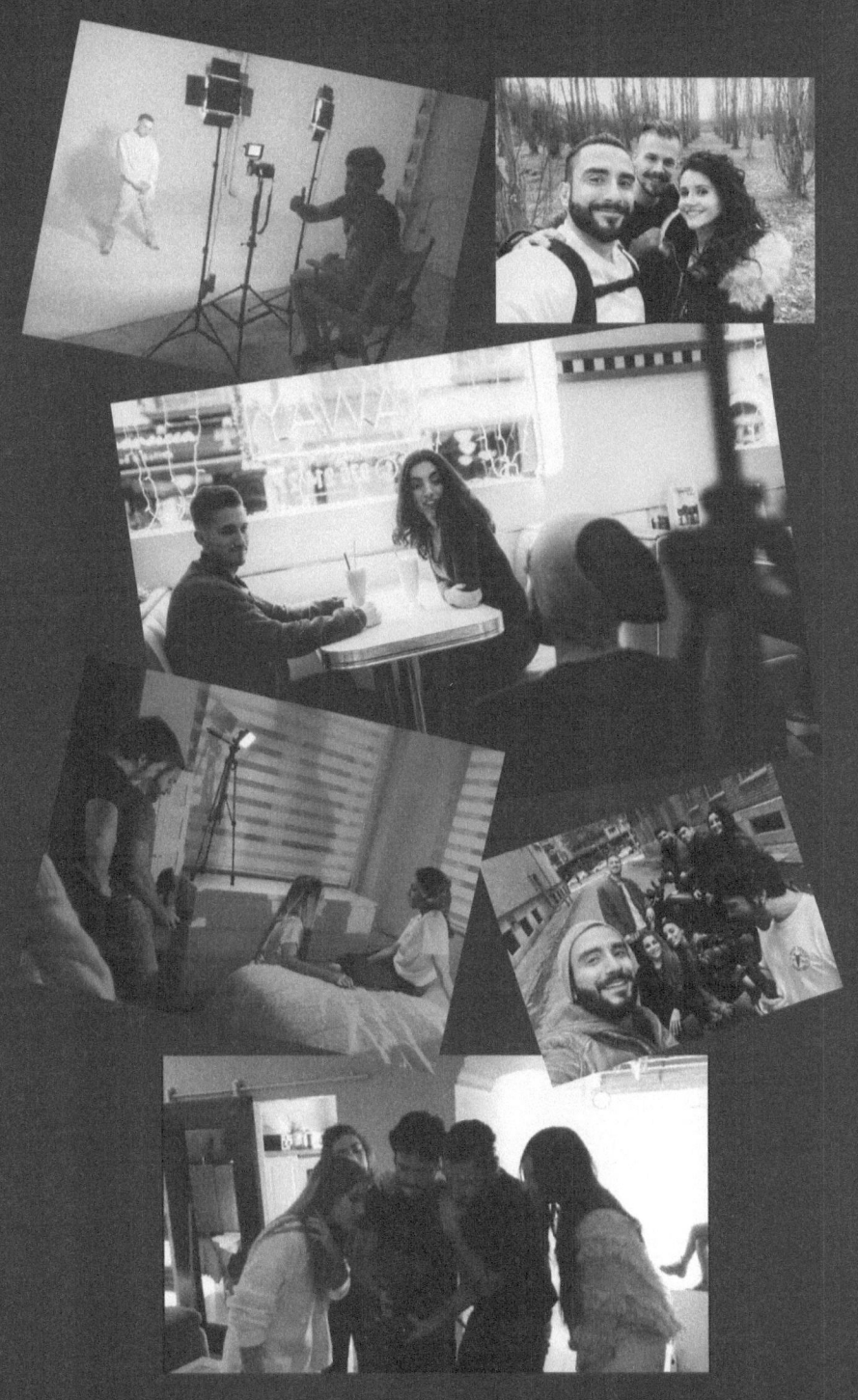

¿ME AYUDAS A DIFUNDIR EL MENSAJE?

Cojo el móvil y te ayudo ahora, Uli ☺

Muchísimas gracias por leer este libro. Te felicito por haber llegado hasta el final.

Escríbeme si tienes cualquier duda, sugerencia o crítica.

Si te apetece, me gustaría pedirte que me ayudes con una **pequeña opinión en Amazon (1 minuto de tiempo)** para que más gente se anime a vivir haciendo videoclips.

¿Por qué te lo pido? Si te ha gustado el libro y te ha servido, contribuirás a darle mayor visibilidad. Los comentarios en Amazon son la mejor publicidad.

Aunque *Vive haciendo videoclips* ya tiene algunas opiniones positivas, el algoritmo de Amazon solo tiene en cuenta las más recientes. Me ayudaría mucho si puedes dejar una **pequeña opinión** (1 minuto).

¡KIT DE REGALO!

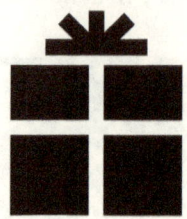

He preparado para ti, por haber leído este libro, un súper kit con lo siguiente:

- **Plantilla** de guion técnico.
- **164 Film Flares**, para que puedas darle un toque más cinematográfico a tus videoclips.
- **+50 LUTs** genéricos para un montón de cámaras. Sony, Canon, Arri, etc.

¿Cómo te lo puedes descargar? Sencillo:

1. Abre tu mail.
2. Escribe en el asunto: **Kit de regalo VHV**
3. En el mensaje: **Puedes saludarme, si quieres** ☺
4. Envía el correo a: **info@ulimorenomontana.com**
5. Espera a que te lo envíe personalmente.

AGRADECIMIENTOS

A mi corazón, mi musa y mi alma, Laura. Por haber sido la única persona de este mundo presente en cada alegría, en cada noticia, en cada batalla y en cada paso. Por ser la razón de ser de este camino. Por ser mi inspiración. Por ser mi motivación. Por serlo todo.

A mis padres, Marian y Jose, por abrirme los ojos e impulsarme a trabajar disfrutando. De no ser por ellos nunca hubiera llegado hasta aquí. Gracias por ser y haber sido mi apoyo, mi luz, mis guías.

A mis hermanas, Ana y Andrea, por escuchar mis infinitos consejos sin pedirlos, por pedirlos y por valorar tanto mi persona.

A Mario, Marysol y Claudia, por ser unos fans maravillosos y regalarme siempre vuestro apoyo.

A Óscar Gutiérrez, por ser mi DOP preferido.

A Eyeri, Sanchez y Java por dejarse la piel en mis primeros proyectos y ser el punto de encuentro.

A Unai, Pascu, Paula y JT, por formar parte de mi camino.

A mi familia y a mis amigos, por ser fuente de energía y apoyo.

A Maki, por abrirme camino en una maravillosa industria y convertirse en un buen amigo.

A María Artés, por depositar tanto cariño y confianza en mis manos.

A Joaqui, por las profundas conversaciones de vuelta a Sevilla.

A Raquel, por querer aprender de mí y salir juntos al campo de batalla.

A mis profesores, por haberme enseñado.•

A todos los emprendedores que me han aconsejado, por ser ejemplo.

A todos los músicos con los que he tenido la suerte de trabajar, por haber formado parte de mi desarrollo.

A todos los que valoráis mi trabajo, por escribirme sin conocerme, o conociéndome, y sacarme una sonrisa.

A ti, lector, por confiar en mis palabras.

ACERCA DEL AUTOR

Uli Moreno Montana, logroñés, 1994. Mucha gente cree que se llama Ulises, incluso personas que conviven con él en su día a día del trabajo, pues desde niño ha respondido al nombre de Uli, el cual hace referencia a su apellido. Con los años terminó siendo su nombre de marca, junto con unos apellidos que completan su seudónimo. Su nombre es Álvaro Ulibarrena Roa.

Cuando Uli era un niño jugaba a hacer minipelículas de acción con sus amigos, utilizando los primeros móviles con cámara. Le apasionaba crear piezas audiovisuales con los pocos medios que existían y se convirtió en el cámara oficial de su familia y amigos. Se dio cuenta de que le fascinaba ver las emociones de los que le rodeaban. Conforme pasaron los años descubrió que su vida tenía que seguir ese camino y decidió hacer de su pasión, su trabajo. Quiso ver cómo muchas otras personas, que no eran ni su familia ni sus amigos, se emocionaban al ver sus historias reflejadas en la pantalla.

Tras dar varias vueltas en el entorno académico e intentar emprender sin éxito en otro sector, se formó en la universidad para dominar las artes cinematográficas, en Zaragoza, donde se estableció y creó el proyecto más bonito de su carrera, Uli Moreno Montana. Desde entonces, su anhelo no era otro más que poder contar las historias de músicos, artistas, empresas, deportistas, prometidos, familias, lugares y un sinfín de alternativas. Su propósito es conquistar a las personas transformando sus deseos en películas. A su propósito cinematográfico se le une la maravillosa pasión por enseñar y despertar el espíritu emprendedor de todas las personas posibles. Pues su infinita fe en trabajar disfrutando, convierte este término en algo que todo el mundo desea: no trabajar nunca más.

En la simpleza está la grandeza.
ULI MORENO MONTANA

www.ingramcontent.com/pod-product-compliance
Lightning Source LLC
Chambersburg PA
CBHW031614210526
45464CB00004B/1572